VQ

AF524274

Verlag Voland & Quist OHG, Dresden und Leipzig, 2015

Lektorat: docnogo
Korrektorat: Annegret Schenkel
Umschlaggestaltung: Reimar Limmer
Satz: Fred Uhde
Druck und Bindung: C.P.I. Moravia, Czech Republic

www.voland-quist.de

NORA GOMRINGER

ICH BIN DOCH NICHT HIER, UM SIE ZU AMÜSIEREN

Voland & Quist

Inhalt

Texte

Wie klingt eigentlich Deutsch?

Hier knackt es, gähnt es, jault und hängt etwas. Eine konsonantische Liaison versperrt einem den Rachen, und unaufhörlich bellt es. Man wiehert und knattert, klemmt, krächzt, hustet und blökt. Man surrt, summt, schleckt und prustet-pustet. Ein ständiges Streitgespräch zweier Halskranker. So klingt Deutsch. In den Ohren französischer Partisanen in Tarantino-Filmen allemal. Wenn ich aber mein Ohr ganz fest an Heines »Winterreise« presse, dann klingeln Schlittenglocken heraus und ein Wanderstab, der auf dem noch nicht geteerten Feldweg aufsetzt. Regelmäßig, vom Schnee gedämpft, ist das Geräusch. Schüttle ich Grass' Liebeserklärung an die Grimmschen Wörter, dann krach-pengt es hervor aus dem Schlagwerk des Tourbegleiters Baby Sommer, des Jazz Drummers, der den Grass seit dem »Butt« in Musik und Schall und Klang neben dem Rauch aus des Meisters Pfeife wandeln kann wie keiner sonst. Das Wispern von Liebesschwüren weht aus Abertausenden von Schriften, original und übersetzt, und im Deutschen klingt »Ich liebe dich« genauso schön (bedrohlich) wie in jeder anderen Sprache. Das dialektale »I mog di« (Bayerisch) oder das fremdsprachliche »Ich ha di gern« (Schwiizerdütsch) aus den Liedtexten von LaBrassBanda oder des Holstuonarmusigbigbandclub, den Schriften Pedro Lenz' oder Beat Sterchis lassen Seufzer zu. Die gehören auch ins deutsche Soundvokabular.

Wir Deutschen seufzen gerne. Bei Kleist noch bis zur Ohnmacht, heute bevor wir ansetzen und Reden schwingen. Offizielles passt zu unserer Sprache. Wir wissen ja, dass man sie mit Pferden sprechen kann, während Französisch, Spanisch und Italienisch bei Gott, Männern und den Frauen angewendet wird. Nun sind Pferde ja durchaus geduldige Zuhörer, und seit Monty Roberts uns auch die nonverbalen Dialekte der Pferde gelehrt hat, muss man sich nicht mehr verstecken, wenn einer wiehert, wir wären einfach *zu deutsch* in Ton und Gebaren. In Amish Country gibt es diese Kategorie nicht. Da ist *zu deutsch* Brauchtumspflege und der Slogan »Mer schwetze noch die Muddersprooch« in aller (noch so zahnloser) Munde. Dass das harte Deutsch vor allem aus dem einen Munde die Massen verführen, belügen konnte, das war die weltweit unerwartete Folge abgestumpfter Akustik. Die Ohren waren noch taub vom Lärm der ersten Bomben. Eine ganze Sprache, um vieles schrecklicher als das Phänomen, das aus dem Klempererschen Buche wie aus dem Weltempfänger schnarrt. Es ist der zarten Selma, der klugen Nelly, der weltumspannenden Rose zu danken, dass wir das Deutsche wieder zum Denken urbar machen konnten. Manch einer liebt das Deutsche heute gar so sehr, dass er es unterschätzt, das Kind bei der Hand nehmen möchte, d. h. ihm Reinheitsgebote aufstellt, bevor es – unkenbeschworen – in den Brunnen fällt. Die Deutschen – so viel sie auch schwarzmalen – lieben Brunnen, vor allem die vor Toren, und wenn ein paar Toren darum herum zu stehen kommen … auch gut. Sitzen doch in fast allen Zisternen verzauberte Prinzen, die das Kindlein schaukelnd wieder ans Licht zu bringen verstehen. Das Deutsche ist elastisch – gottlob! Hat uns fast verziehen nach den Kriegen und ein paar Dudenausgaben. Die Reparation war lediglich der Verlust besonders entfremdeter Abstrakta à la Blut, Boden, Erde, Volk. Das Deutsche behalf sich, fand den Durchgang durch die eigenen Antwortlosigkeiten, die Celan ihm zusprach, lässt aber seit jeher Einflüsse zu, schwappt stets weiter, wird ein Sprachfluss mitreißender Qualität. Modern ist es dadurch, nützlich und charmant-verquer, für manchen kaum erlernbar: *die* Rübe und *das* Fräulein! Es schenkt uns irre Silben wie das Him- der Beere und den -ling, der schmettert, die Schönheit der Summe, des Herzens, das Legato des aufgegangenen Mondes, das rollende Rrrrr des Brotes, das Abendrot, das Spitze der spitzen Steine des Nordens und die Schnauze der Berliner. Wir sind so herrlich aufgeplustert, wir deutschen Deutschsprecher. Und gackern dabei zu selten. Deutsch klingt manchmal nach allem, was es sein kann: Sprache und Aufbewahrungsort und Musensang. Das sagen auch meine Eltern, und die sprechen es länger als ich.

Muss ich ein Gedicht auswendig können?

Natürlich nicht. Die Frage ist nur, warum gerade in dieser Sache anders sein als 99 Prozent der Menschheit? Ich bin mir sicher, dass die meisten Menschen auf der Welt einen Text mindestens geringeren Umfanges auswendig hersagen können, seien es Rätseltexte, Lieder, veritable Gedichte, Balladen oder auch Witze. Ja, ein gut vorgetragener Witz hat – wie ein gutes Gedicht – einen Effekt ungeahnter Kraft: Der verdichtete Text erhebt, regt an, schenkt ein Stimmungsblitzlicht oder lässt einen im wahrsten Sinne überleben. In den KZ der Nazis – so berichten es Überlebende – waren es die Gesten der Menschlichkeit unter den Gefangenen, die sie hoffen ließen. Diese Gesten waren oft gegründet in Poesie, Musik, Berührung im wahrsten Sinne. Ich habe in meinem Leben oft an Rändern gestanden. Manchmal an Rändern von Abgründen oder auch nur an Schwellen hin zu anderen Territorien für den Geist, das Herz. Da haben mir die Gedichte von Mark Strand, Heinrich Heine, Robert Hass, Emily Dickinson erklärt, warum ich auf der Welt bin. Wenn ich sehr einsam war in großen Städten wie New York, wo ich mich lange Zeit herumgetrieben habe, hatte ich wie zur Selbstverteidigung meistens beim Herumlaufen ein Gedicht auf den Lippen. So haben mich Gedichte sicherlich vor der Einsamkeit bewahrt, haben mich Zeilen wie Seile mit dem Hier vertäut. Ich rate zum Leben mit Gedichten. Sie sind ideale Anker und Segel.

Beständiges Soundchecken

Wann singt das Sprechen?

Natürlich ist die Fragestellung »Wann singt das Sprechen?« bereits von zahlreichen bewanderteren, rhythmischeren Persönlichkeiten erschöpfend analysiert worden. In den letzten Jahren waren dies u. a. Raoul Schrott (»Erfindung der Poesie«, 2009), Heinz Schlaffer (»Geistersprache: Zweck und Mittel der Lyrik«, 2012) und Volker Klotz (»Verskunst: Was ist, was kann ein lyrisches Gedicht«, 2011), deren Ausführungen uns die Bandbreite, die Rhythmenfülle, die Schlagkraft der lyrischen Silben für die Germanistik wieder in Erinnerung gerufen haben. Was ist es also, das ich der Debatte hinzufügen könnte? Ich dichte seit meinem 16. Lebensjahr. Ich tue dies seitdem regelmäßig. Seit 2006 habe ich alle zwei Jahre einen Lyrikband herausgebracht. Im Ganzen sind es nun sieben Lyrikbände und zwei Essay- und Redensammlungen. Zum Glück fanden alle diese Bücher in der Regel sehr freundliche, ja fördernde Beachtung in den Medien, bei Leserinnen und Lesern, bei den Besucherinnen und Besuchern meiner Lesungen. Ich hatte bisher großes Glück, gesehen, gehört, wahrgenommen zu werden.

Dieses Glück verdanke ich sicherlich auch einer gewissen Prädisposition: Im privaten Leben eher unauffällig, bin ich gerne sichtbar auf einer Bühne, wenn es dort etwas für mich zu tun gibt. Etwas, was ich im Scherz als »beständiges Soundchecken« bezeichne. Ich habe eine musikalische Ausbildung genossen, die im Ganzen und im Vergleich mit geschätzten Kolleginnen und Kollegen eher rudimentär, aber für mich ausreichend und hilfreich war für fast alles in meinem bisherigen Leben. Meine Beziehung zur Bühne ist eine sehr intime. Sie sagt aus, dass mir etwas fehlt, was ich just dort suche, wo mir alle dabei zusehen können, und meine Art des Auftretens sagt hoffentlich auch, dass ich meine Verantwortung gegenüber dem Publikum erkenne und wahrnehme, mir jeden Auftritt zu Herzen nehme, ihn versuche zu strukturieren, mich sogar bei großer Eile noch einmal umkleide für mein Bühnenwerken und -wirken. Mich begleitet eine tiefe Demut vor der Exponiertheit und dem Moment der Fixierung des Betrachters auf diese eine Frau auf der Bühne, die den Mund so gerne weit öffnet, ihn voll nimmt und doch manchmal – gleich dem Rühmkorfschen Zitat – »der Lieder leer« findet. Literatur und Rhythmus – diese Kombination will uns zurückführen zu den Anfängen der Klänge, Silben genannt, die in bestimmter Kombination semantische Information auf einen hörenden Kommunikationsteilnehmer übertragen, lange bereits bevor es so etwas wie schriftliche Systeme geben konnte.

Seit den frühesten Anfängen meiner erst rein rezitatorischen Arbeit – ich finanzierte mir die letzten Schuljahre wie die ersten Studienjahre mit Sprechprogrammen zu Walt Whitman, Mascha Kaléko, Else Lasker-Schüler und Heinrich Heine – arbeite ich gerne und oft mit Musikern zusammen. Vom lyrisch vorgeprägten Saxophonisten (E. Koltermann), zum legendären Jazz Drummer (Prof. G. Baby Sommer) und lebhaften DJ (Roland Krefft alias DJ Kermit) kenne ich die Zeilen von Texten anderer Autoren wie auch die eigenen mit musikalischer Zeile unterstrichen, konterkariert, komplettiert, kontrastiert, komplimentiert.

Was für ein Glück das ist! Nicht nur, dass Dichtung und musikalischer Klang eine Verbindung eingehen, sondern, dass diese zunächst so private Leidenschaft zur Mitteilung, Wiederaufführung alter Sprach- und Sprechzeugnisse begeisterungsfähige Kollaborateure im Jetzt finden kann. Seit ich die Texte anderer Dichter auf den Lippen trage, bin ich nur noch selten einsam. 2014 waren es Programme zu Shakespeare und Goethe, die mich beschäftigten.

Wann singt das Sprechen also? Immer. Das Singen ist dem Sprechen immanent. Dieselben Muskeln werden im Kehlkopf gefordert, ob wir sprechen oder singen. Das Baby ruft mit seinem ersten Schrei den Kammerton a in seiner Kehle wach. Es macht für unsere Anatomie keinen besonderen Unterschied, ob wir singen oder sprechen, nur dass unsere Lungen sich daran gewöhnen, in anderen Intervallen zu funktionieren. Denken wir an dieser Stelle auch an andere Sprachen und Varietäten, die mit verschiedenen Tonhöhen (im Chinesischen sind es vier grundlegende, die Bedeutung bewusst verändernde) zum Teil morphologisch identische Silben zu anderen Worten wandeln.

Die erstaunliche französische Formation »Encyclopédie de la parole« tritt mit Produktionen bei Festivals auf, die eine Gruppe von Sprechern zeigen, die mit z. T. klassischem Textrepertoire (Schiller, Molière etc.) Gesprächssituationen, genauer: Gesprächsmelodien chorisch gesprochen nachstellen. Dabei tritt der gesprochene Text durch das Augen- und Hörmerk auf die prosodische Struktur einzelner Gesprächs- und Kommunikationsformen (erklärender Monolog auf YouTube, Gespräch im Café, trauriges Telefonat, Begrüßung einer Kindergartengruppe etc.) in den Hintergrund. Das Sprechen wird als musikalische Leistung vorgeführt, ja »ausgestellt« und durch die Pluralität der Stimmen zur Sprachmusik abstrahiert. Dirigiert durch einen animierten Dirigenten, gelingt es der Chorformation wie eine Stimme mit mehreren Klangfarben zu wirken.

Wann singt das Sprechen? Lyrisch betrachtet dann, wenn Texte geformt wurden mit dem Bedacht auf Klang, Miteinander in der Sprache und bei schwingender Semantik. Eben wenn das Gedicht funktioniert. In der Uni hatte ich einmal einen Dozenten, der aus den USA für ein Semester bei uns landete und alle gehörig verwirrte. Der Mann sprach ständig vom *game*, das Gedichten innewohnen würde, die etwa Wallace Stevens oder Gwendolyn Brooks geschrieben hätten. Wir lasen und lasen, und bis zum Abschluss des Seminars log ich, dass ich das *game* nicht nur sehen, sondern auch verstehen könne. Ich log so, wie man als Student eben lügt: erfolgreich, zum Erfolg gereichend und schloss das Seminar mit »sehr gut« ab, aber verstanden – das verstand ich erst Jahre später – hatte ich wenig. Das vom Dozenten stets erwähnte *game*, das Spiel des Gedichts bzw. das Spiel, das der Text mit seinem Leser spielen möchte, ist in der Tat das Wichtigste an der Lyrik. Der Dichter fordert mich mit jedem Gedicht zum Tanz, zur Schachpartie, zum Gesangsduett auf. Egal, ob ich meine, tanzen, Schach spielen oder singen zu können. Er liefert mir, was ich brauche, um mit ihm zu schwingen. Es liegt an mir, dem Gedicht als Schrittfolge, Partie oder Notation zu begegnen, mich in ihm zu finden, mich in ihm zurechtzufinden. Das Spiel und die Bereitschaft zum Spiel sind das Erkennen. Von Eugen Gomringer gibt es den erklärenden Satz aus seiner Rede »Der Dichter und das Schweigen« aus dem Jahr 1963: »Das Spiel ist keine Spielerei. Das Spiel setzt Heiterkeit und Bejahung voraus [...].«

Daran möchte ich mich immer halten. Das tröstet mich und spiegelt meine persönliche Erfahrung mit der Lyrik anderer Dichter wider.

Mit der eigenen Lyrik habe ich besondere Erfahrungen gemacht, seit sie von verschiedenen anderen Künstlern eingesetzt wurde, um Vertonungen, Libretti oder Textversionen für Klanginstallationen daraus zu fertigen. In den letzten zehn Jahren haben Theatergruppen, einzelne Schauspieler, Choreographen, Sprecher, Musiker, Komponisten, Theatermacher und Sänger meine Texte verwendet, sie in andere Werkbezüge gesetzt. Mal haben mich die Ergebnisse entsetzt, mal befreit und mir Grundsätzliches zum Text aufgezeigt. Durch die verschiedenen Lesarten hat sich die Produktion verändert, sich mir entgegengekehrt, ist mir fremd und dadurch auf neue Weise bekannt geworden.

2014 war ich mit der Jazzsänger-Formation Wortart Ensemble auf Reisen, um das neue gemeinsam konzipierte Text- und Lied-Programm »Wie sag ich Wunder« an verschiedenen Orten aufzuführen. Die Zusammenarbeit mit diesen fünf eigenständigen künstlerischen Persönlichkeiten war für mich eine besondere Herausforderung, weil ich dem A-cappella-Quintett nicht nur als Texterin und damit Librettistin diente, sondern als Mitsängerin. Sie ließen es zu, dass ich mit meiner rudimentär ausgebildeten Singstimme in ihren Arrangements »herumfuhrwerkte«, ja sie beteuerten sogar, dass ihnen meine Stimme als weitere Farbe gut gefiele im Gefüge. Meinen Ansprüchen genügt mein gesanglicher Beitrag nur selten, aber ich gebe es zu, es hat eine besondere Kraft, die eigenen Zeilen – generell alle lyrischen Zeilen – von ihrer Blattbündigkeit auf fünf Notenzeilen zu heben. Es scheint mir, man spürt, dass der Gesang sie von ihrer Schwere löst, sie befreit und auf andere Weise befördert. Der Luftraum gehört den Gedanken, der Atem den Ideen.

Zum Rhythmus habe ich bisher keine Ausführungen gemacht. Das will ich abschließend noch wagen.

Der dem Menschen im wahrsten Sinne angeborene Rhythmus ist der Herzschlag. Er ist die dem Menschen vertrauteste rhythmische Figur. Alle anderen Rhythmen sind Weiterentwicklungen, Veränderungen, Abweichungen, sind Kunstformen zu dieser Urform. Wir beherrschen sie wohl. Die Kunstformen können uns vom vielgewandten Mann oder von der Muse erzählen, oder sie können uns im stetigen Klang der

Wiederholung des Wortes »und« vom Beginn der Welt und ihrer Genese in der Thora künden lassen. Das Sonett, die Ballade, das klassische Gedicht weisen Reim- und Rhythmusstrukturen auf, die man gut analysieren kann und die oft genug der semantisch-lyrischen Aussage dienend Anwendung finden. Sehr viele Gedichtformen aber haben sich augenscheinlich von diesen Strukturen gelöst und sind doch in höchstem Maße rhythmisch und klingend. Ich behaupte, dass selbst visuelle Gedichte, konkrete Gedichte aufgrund des hohen Grades ihrer Informiertheit durch die lyrische Tradition und die ihnen eigene Reduktion der Mittel über mindestens dieselbe Kraft und auch treibende Rhythmen verfügen, die sich aber primär im Visuellen abbilden: Die prozentuale Menge weißen Blattes und der Abstand zwischen dem Wortmaterial kann Aufschluss über diese Rhythmen geben.

Der Rhythmus der Sprache ist für Gehörgeschädigte Klangersatz. Die Schönheit von Gebärdensprache legt einleuchtend Wert auf Rhythmik und spart die Klangkomponente der Sprache nur dann nicht aus, wenn Teilhörende prosodisch nachlauten können und es üben wollen.

Jede Sprache besitzt eigene Elemente, die Impulse zur Darstellung geben.

Ich denke, die Sprache singt, wenn wir hinhören, denn vor allem Sprechen sind das Zuhören und Beobachten die wesentlichen Bausteine des Sprechverhaltens.

Deshalb: beständig den Sound checken!

Großes Thema Freiheit

Joachim Gauck formuliert sie als Auftrag in Minibuchformat und stellt ihr die Toleranz an die Seite. Beide marschieren idealiter einträchtig durch unsere Zeiten. Dann sehe ich einen Film, der einem das Blut stocken lässt: »Michael« vom österreichischen Regisseur Markus Schleinzer. Ein pädophiler Versicherungsmann »hält« sich einen Buben im Keller. Das ist so schauerlich, so endgültig und eindeutig-uneindeutig grausam, dass man diese Maschine aus Zweisamkeit mit entsetztem Staunen beobachtet. Und Freiheit wird auf einmal eine sehr entfernte Gaukelei. Dann denke ich an die Gäste des Kinos in Aurora, Texas, und die große Freiheit, sich ein Kinoticket kaufen zu können, die große Freiheit, sich eine Waffe samt Munition anschaffen zu können, die große Freiheit, die Blumen zum Angedenken an einen erschossenen Freund ablegen zu dürfen. Es scheint, Freiheit hat mit »etwas tun können« und »etwas dürfen« zu tun. Die große Freiheit ist dann: das Etwas wann und wo auch immer durchführen zu können und zu dürfen. In Kremlnähe Pussy Riot betreiben, dem Papst ein böses Titanic-Cover widmen, Wildblumen pflücken, mit Schleier Kurzstrecken laufen und mit Badekappe Judo treiben, das darf man, wenn man sich die Freiheit nimmt, es zu tun. Heikle Sache. Weil da in dem Ausdruck »Ich nehme mir die Freiheit« quasi auch schon die Konsequenz beschrieben wird. Als wäre die Freiheit nicht eine exogene Riesenblase, sondern die eigene, endogene Schwimmblase. In mir ist Freiheit, die ich mir nehme, um eine Tat durchzuführen, die sie mir dann endgültig nimmt. Eine Melange von Innen- und Außenfreiheit. Passenderweise lese ich gerade viel Jean Paul, der ja immer wanderte, im wahrsten Sinne Wege suchte und sich infolgedessen ganz andere Freiheiten genommen hat. In einem Interview musste ich mit meinem Vater Fragen zum Thema »Freiheit« beantworten. Wir waren sehr einig im Gedanken, dass man Freiheit ja erst bemerkt, wenn sie einem fehlt. Was fehlt einem, wenn man sich so eine Waffe mit Munition, eine Maske und dazu noch am selben Abend ein Kinoticket kauft?

Fernsehen in Zeiten der Choleriker

Es will nicht recht passen zu einer Lyrikerin, wenn sie sagt, dass sie gerne fernsieht, ja mit Begeisterung konsumiert, was die Fernsehlandschaft zu bieten hat. Irgendwie passt das nicht zusammen, das feine Wort-Ränke-Spiel mit der Sprache, die vermeintliche Methaphernsuche im Äther, in dem ja ständig blaue Bänder wehen, und das grobianische Gezeter aus den Reality-Serien der Privatsender. Überhaupt streifen Dichter ja in der Regel durch die Natur, die derzeitigen Größen der Literatur durch die Naturen der Städte, und da sind es blaue Blumen, blaue Graffito-Blumen, die einem heimleuchten in die Schreibstube, wo man dann »bein mit beine« – schon nicht mehr auf einem Stein und auch nicht als Wiesel im lyrisch beschriebenen Bachgeriesel – am Tisch sitzt und schreibt. Nein. Die meisten tippen mittlerweile. Das will nicht passen mit der Lyrik und dem Fernsehen, zu dem man ja eine sofagebogene Haltung einnimmt – selten sitzt der Bürger aufrecht vor seinem animierten Fensterchen zur Welt. Was hält diese Welt im Innersten zusammen?

Wenn man bei Google die Suche nach »Zitate Fernsehen« startet, überfallen einen die negativen Äußerungen.

Der amerikanische Friedensnobelpreisträger und Begründer der Molekularbiologie sowie der Quantenchemie Linus Pauling ließ sich zu folgender Aussage hinreißen:

»Argwöhnisch wacht der Mensch über alles, was ihm gehört. Nur die Zeit lässt er sich stehlen, am meisten vom Fernsehen.«

Berühmte Fernsehmänner wie Robert Lembke kritisierten:

»Es gibt Fernsehprogramme, bei denen man seine eingeschlafenen Füße beneidet.«

Und der legendäre amerikanische Fernsehkomiker Groucho Marx gestand gar:

»Fernsehen bildet. Immer, wenn der Fernseher an ist, gehe ich in ein anderes Zimmer und lese.«

Das Erzeugen von Langeweile wird der Television also vorgeworfen. Und das schon seit ihren Anfängen. Ein Zeitdieb zu sein ist aber auch eine Kunst, denn zwei, drei Leute sehen ja wohl hin, um genau das hernach beurteilen zu können.

Die Stimmen der Kritik am Fernsehen sind in der Regel lauter als die Stimmen des Lobes. So ein Lob des Fernsehens ist ja auch kaum salonfähig unter Intellektuellen, obwohl viele von denen die Wirtschaft hinter dem TV-Gerät bestimmen. Das scheint so eine stille Abmachung zu sein: Kluge Leute machen dummes Fernsehen für eigentlich kluge Leute, die sich aber willfährig dem Dummen im Gerät hingeben, was dann wiederum und vor allem aus Mangel an Alternativen durchaus für eine generelle Haltung der Ablehnung gegenüber dem Medium sorgt unter den klugen Leuten, denen genau dieser Sachverhalt auffällt. Nun, ich möchte sagen, dass mir das alles sehr wohl auffällt – sicher nicht bis in die kleinen ausgedachten Feinheiten der Branche, aber doch durch kritische Betrachtung hinein ins Herz meiner täglich 30 Kanäle, und es macht mir gar nichts aus. Ich sehe Fernsehen als anthropologische Studie, als Spiel mit dem Selbst, als Märchenstunde und als Kindheitssehnsuchtsaufbewahrungsschachtel, dazu als Informationsquelle, als Link zur Welt, wie sie mir vorgeführt werden soll, als Schaufenster zur Kunst, als ständige Herausforderung zum geistigen Tauziehen. RTL gegen mich, ProSieben gegen mich et cetera. Für mich ist Fernsehen im wahrsten Sinne lebensbegleitend. Meistens schreibe ich sogar, wenn der Fernseher nebenher läuft, und auch in den schönsten Künstlerresidenzen, die ich mir als Auszeichnung ans Revers heften durfte, etwa in Venedig, in New York und sogar Nowosibirsk, habe ich viele Stunden ferngesehen und versucht, mir von den Sendungen abzuschauen, wie die Menschen leben, wie die Fernsehmacher meinen, dass die Menschen leben, und welche Sprache vorherrscht neben der Landessprache, wie die gezeigten Körper agieren, miteinander sprechen, was da überhaupt gesagt wird. Dafür liebe ich das Fernsehen. Mich informiert es.

Meine Begeisterung fürs Fernsehen kam früh, denn als Dorfkind der 80er-Jahre im ehemaligen Dreiländereck BRD, DDR und Tschechoslowakei, wie diese Länder damals noch hießen, gab es neben dem ewigen Draußen, dem Dorfbach, dem Waldrand, dem Fußballplatz, dem Spielplatz, dem Platz der alljährlichen Kirchweih, dem Schrottplatz und dem Bahnübergang eben im Innern der Häuser ein verlockendes Flimmern. Diesem Flimmern wurde auch im Vokabular der Zeit Rechnung getragen: Der Fernsehapparat war die »Flimmerkiste« (oder der »-kasten«), in die man glotzte, daher auch die »Glotze« oder »Röhre«, schließlich handelte es sich bei den Geräten der 80er und frühen 90er ja meist noch um Röhrenapparate mit beachtlichen Durchmessern.

Jeden Sonntag gegen 13.30 Uhr wurde im Hause Gomringer der obligatorische Schwarz-Weiß-Film im Dritten geschaut, und ich begegnete Marika Rökk, Magda und Romy Schneider, Hans Moser (den ich aufgrund seines Stimmtimbres kaum ertrug und jetzt doch manchmal vermisse), aber auch Theo Lingen, Maria Schell, Hans Albers und Conny und Peter, die farbecht auftraten und doch wie Wesen aus einer anderen Welt wirkten. Die 50er und die 60er waren bunte Ereignisse, die 80er-Jahre meiner Kindheit auf dem Land in einem Land, das noch durch eine Mauer geteilt war, anders koloriert.

Ich weiß noch gut, wie mein Vater in meinem elften Lebensjahr nach Hause kam und sagte: »Ich habe die Zukunft gesehen, das Fernsehen wird in die Wand verlegt werden.« Damals konnte ich mit diesem plötzlichen Ausbruch an Prophetie nichts anfangen, ja er verstörte mich sogar, vor allem, weil mein Nachfragen meinem Vater nur eine Reihe von Beschreibungen entlockte, die mit den Worten Flachbildschirm, Plasma und eben immer wieder Wand zu tun hatten, die ihm in einem Vortrag begegnet waren, bei dem es weniger um die Zukunft der Television, sondern eher um die Zukunft der Wohnungsgestaltung ging. Und so klang wirr, was heute völlig normal ist.

Als Neunjährige, also ziemlich genau mit der Grenzöffnung, öffnete sich auch meine Fernsehwelt wegen der Ausweitung von drei auf zwölf Kanäle durch die Anschaffung eines Satellitenreceivers. Zunächst aber – also vor dem Receiver und seiner Toröffnung zur schönen, neuen Welt – erfolgte die Anschaffung eines Videorekorders, der mir früh erlaubte, mich als Videothekarin zu erproben. Ich nahm alles auf, was mich interessierte, sah es mir später oft viele Male an und überlegte schließlich, was man behalten und wie man es verwalten sollte. Zunächst aber änderte sich die Wohnzimmermöblierung. Es mussten Möbel angeschafft werden, die die neue Gerätefülle bergen konnten, dabei aber nicht nach Technokratie im trauten Heim aussahen, auch mussten die Anfänge meiner Videosammlung verstaut werden. Jede Woche kaufte meine Mutter Videokassetten, die mir zur Erweiterung des Schaukanons dienten, sodass die Ausmaße der Stapel rund um das Fernsehgerät aus rein ästhetischen Gesichtspunkten rasch verboten wurden. Außerdem erinnere ich mich noch an den lehrreichen Schock, als ich feststellen musste, dass sich alle Bänder der »Sammlung I« gelöscht hatten oder stark in Mitleidenschaft gezogen waren, weil ich sie auf dem Fernseher aufgetürmt hatte. Magnetbänder! Das war höhere Physik!

Mit neuen Möbeln und vielen neuen Kassetten für »Sammlung II« konnte ich dann wieder gezielt expandieren. Damals erzählte uns unser Lateinlehrer vom Brand der legendären Bibliothek von Alexandria. Den Schmerz der Welt über diesen Verlust konnte ich angesichts der erwähnten häuslichen Tatsachen natürlich nur zu gut nachempfinden …

Ich weiß noch, dass ich einmal meine ganzen Herbstferien damit zubrachte, eine handgeschriebene Kartei für alle meine Filme anzulegen, was meine sehr bibliophile Mutter erstaunte und erfreute, schließlich kümmerte ich mich damit um die Ordnung von irgendetwas, wenn auch nicht um die von Büchern. Manchmal beschlichen mich leise Zweifel, wozu denn all diese aufgenommenen Filme dienen sollten außer zu meinem Amüsement, vor allem da meine Eltern nur sehr sparsame Fernsehkonsumenten waren. Vater: Nachrichten und Sportschau, hie und da ein Krimi. Mutter desgleichen, nur ohne die Sportschau, aber mit dem Sonntagsfilm im Dritten. Beide sahen hin und wieder »Tom und Jerry« mit mir. Alle hielten wir zur »Maus«.

Mit der beschriebenen Ausweitung der Welt auf zwölf Kanäle – allesamt in Farbe! – kam für meine Mutter noch eine weitere Schaulust hinzu: das Talkshow-Format um Ilona Christen. Diese Sendung hat meine Erwartungen an eine Boulevard-Talkshow sehr geprägt. Ich fand den nachkommenden Hans Meiser, den sanften Pfarrer Fliege, die robuste Arabella alle nicht in vergleichbarer Weise mit journalistischer Tragkraft, Brille und Mitgefühl für ihre Studiogäste ausgestattet. Ilona Christen hatte die ZDF-Fernsehgärten meiner Kindheit moderiert, ein Format, das ich mochte, was mir aber vollkommen unverständlich war … Wieso standen an einem Sonntagmorgen so viele Menschen in einem riesigen Garten bei zum Teil miesem Wetter herum und ließen sich Musik und Spiele bieten? Und was zum Teufel war dieses ZDF? Eine Abkürzung, schon klar, Zweites Deutsches Fernsehen … aber was bedeutete das, und warum hatten die einen Garten, wo sie doch ein Kanal mit Mainzelmännchen im TV-Gerät waren? Das Fernsehen begleitet Kinder hinein in ihr Staunen, und ich kann nur von mir berichten: Genauso wie mir die Lektüre im ersten Moment völlig unerschließbarer Bücher im Nachhinein gutgetan hat, so hat es mir gutgetan, Sendungen zu sehen, die – wie zum Beispiel die Italienisch-Lektionen von »Avanti! Avanti!« im Bayerischen Fernsehen, der »Weltspiegel«, die Nachrichten der ARD und des ZDF – kaum zu verstehen waren für einen zehnjährigen Menschen. Ich bemerkte: Die anderen, die das sehen, die verstehen es auch. Das ist dein Ziel: Das alles zu verstehen, denn erst dann bist du ein Teil von … na eben von allem. Von allen anderen. Seltsam. Während sich dieser Gedanke formte, ging es für mich als Person immer mehr darum, meine Eigenheiten zu pflegen. Das ging mit einem eigenen Fernseher ganz wunderbar! Ich war 13, als mich mein erster Fernseher erreichte und mich das nächtliche Sehen von Serien wie »Twin Peaks« und »Picket Fences« selig machte. Eigentlich gab es für ein pubertierendes Dorfkind nichts Besseres als ein Fernsehgerät, über das man selbst Gewalt besaß, denn schließlich musste man am Morgen in der Schule bei allen einschlägigen Serien mitreden können. Interessant war, wen man dann durch die eigenen Nebensätze kennenlernte … Erwähnte man zum Beispiel die eigene Begeisterung für die »Sesamstraße«, so war man bei manchen komplett unten durch, weil's ja Kinderkram war, dem man sich längst entwachsen wähnte, oder man war so eine Art Held, weil die »Sesamstraße« letztlich alle sahen, aber nur wenige es zugaben. Tiffy, Samson, Herr von Bödefeld, Finchen, die Schnecke … damals im Studio mit Lilo Pulver. Wie könnte man das vergessen wollen? Eine viel diskutierte Fernsehsendung war in meinen ersten Gymnasialjahren der »Disney Club«, vor allem um sich über Antje, Stefan und Ralf, die Moderatoren desselbigen, auszulassen … aber eigentlich nur über Antje, denn insgeheim entschied sich die Mädchenwelt anhand dieser zwei Jungs für ihren Männertyp. Ralf, verwegen und draufgängerisch und eine Spur besser aussehend als Stefan, den man aber als verlässlich, freundlich und wegen der mangelnden Bewunderung durch andere wahrscheinlich so einschätzte, dass man ihn wohl schneller für sich gewinnen könnte als den schönen Ralf. An Antje als Objekt der Begierde war nicht zu denken. Eigentlich ungerecht, denke ich heute manchmal, wenn sie als tapfere Journalistin aus dem Nahen Osten für einen öffentlich-rechtlichen Sender berichtet. Auch die »Bill Cosby Show« wurde von allen angesehen, aber erstaunlich selten kommentiert. Das Leben in New York war cool, multikulti, aber ziemlich fern, und die Eigenarten des Familienoberhauptes zu ausgeprägt. Selten wurden Szenen aus der Serie memoriert oder dann nachgesprochen. Nicht wie bei dem Monty-Python-Opus »Life of Brian«, der Film, den wir alle auswendig, ja, den wir in aufgeteilten Stimmen sprechen und uns totlachen konnten. Mädchen sahen »Blossom«, eine amerikanische Serie über ein junges, außergewöhnliches, weil sehr selbstbewusstes und sehr intelligentes Mädchen im Dritten, und ließen sich durch die Trickserie »Es war einmal das Leben« aufklären, sagten es aber niemandem. Alle sahen wir uns »Die Simpsons« an, die vielbeworben am 13. September 1991 im ZDF ihre erste Ausstrahlung in Deutschland erlebten. Mir waren sie damals und in langen Folgejahren zu gelb und zu platt. Ich verstand zu wenig vom feinen Humorgeflecht, auf das Matt Groening, der Erfinder der Serie, setzt, mit dem er es versteht, alle Handlungsstränge auch in Metafiktion miteinander zu verweben, um ein ganzes

Universum entstehen zu lassen. Wir alle tauchen demnach in der einen oder anderen gelben Figur in Springfield auf. – Heute ist das ein tröstlicher Gedanke für mich. Damals, also mit elf, zwölf Jahren verstand ich wenig vom politischen System der USA. Ich lernte Latein, ich verliebte mich in den Nachbarsjungen, der dann ein weiterer Eckpfeiler meiner autodidaktischen TV-Erziehung wurde, weil er mir freundlich Zugang zu seiner eigenen Videosammlung gestattete und ich so in puncto Horror- und Science-Fiction-Filmen allen meinen Klassenkameraden weit voraus war. Meine Leidenschaften, die für den Jungen und die für diese Art von Filmen, behielt ich wohlweislich eine ganze Weile für mich. Beide pflege ich aber heute noch.

Ich habe sie erwähnt und bin eigentlich an ihr vorbeigestreift: die »Sesamstraße«, dabei ist sie sehr wichtig. Zusammen mit ihr waren es »Löwenzahn«, die »Muppet Show« und die allererste kindliche regelmäßige Fernseherfahrung: die »Sendung mit der Maus«.

Großartig, die Stimmen, die da die animierten Geschichten betexteten. Elke Heidenreich, die beiden nachnamenlosen Christoph und Armin, die ja wohl die Maus erfunden und alle Fragen der Welt zu stellen hatten … Ich gestehe, ich liebte immer den mit einer Geschichte, einem Lied endenden Schwanz der Maus, selten ihren wissensvermittelnden, quasi kopflastigen Anfang. Auch die gezeichneten Maus-und-Elefant-Begegnungen waren natürlich fesselnd. Die Umkehrung der Welt, worin eine gigantische Maus einen kleinen blauen Elefanten zum Freund hatte … die konnte man gar nicht übersehen, die sah man nämlich gar nicht. Sonntagabends sah ich die »Märchen aus aller Welt« im Dritten, eine Märchenstunde, in der mit der Kunst des Puppenspiels und sehr eindrücklicher, im Klang recht orffscher Musik, zum Beispiel der Wassermann mit seinen Seelentöpfchen beschrieben wurde.

Ich liebte diese Sendung, weil sie mich gruselte. Weil alle Rollen von ein, zwei Männern, wohl den Puppenspielern, gesprochen wurden, die dann eben auch weibliche Rollen mit höheren Stimmen sprachen. Je exotischer die Märchen waren, desto lieber waren sie mir. Die Farbpalette dieser Sendung übrigens, die man von 1978 bis 1987 produzierte, passte hervorragend zu unseren dunkelbraunen Wohnzimmermöbeln. Puppenspiel habe ich seither bewundert, immer wieder im Fernsehen gesucht und dafür wunderbare Beispiele gefunden: »Die Muppet Show«, die ich heute noch liebe, »Die Dinos«, »Siebenstein« mit dem lispelnden Raben Rudi und der schönen, einfühlsamen Frau Siebenstein, »Hallo Spencer« und natürlich die Produktionen der Augsburger Puppenkiste, bei denen ich besonders den Schlupp vom grünen Stern mochte. Der Nachbarsjunge meiner Träume übrigens auch.

Ich erinnere mich an Zeiten, in denen man die Programmzeitschrift durchsah und für die Eltern entsprechend markierte, damit sie klare Vorstellungen davon gewinnen konnten, was man für relevant hielt und was nicht, vor allem aber, wann man gar nicht abkömmlich war für einen Spaziergang etwa oder Mithilfe in der Küche. Es wurde sogar als rechter Umgang mit den Medien in der Schule gelehrt, so zu verfahren: ankreuzen und dann über die Sendungen gemeinsam reden. Ha! Das wäre ein Spaß gewesen, hätten sich meine Eltern durch Trickfilmserien wie »Ghostbusters«, »Danger Mouse«, »Die Schlümpfe« oder »Die Glücksbärchis« quälen müssen. Dafür hatte ich meinen eigenen Fernseher. Dafür und für langes nächtliches Schauen, was mir einen bedeutenden Wissenszuwachs in Sachen Blue Screens und Filmtechnik verschaffte, denn in den 90er-Jahren kamen zu den ausgedehnten Fernsehsendungen über neue Filme auch erklärende Beiträge, die die Zuschauer zunehmend in die Kunst des Filmemachens einführten. Bevor dann der Blue zu einem Green Screen wurde, setzte die gesteigerte Vermarktung von DVDs im Vergleich zu Videokassetten ein, und auf einmal erschienen nicht nur mir alle Kassetten so wahnsinnig klobig im Vergleich. Alles Neue schillert, und so war es mit den DVDs … gehören die richtig zum Fernsehen? Wohl in dem Punkt ja, dass das Fernsehgerät mit ihrem Aufkommen viel stärker mit dem Begriff des Home Cinema verbunden wurde. Das Fernsehgerät, das im normalen Betrieb zu Ostern und Weihnachten Filmhighlights präsentierte, konnte jetzt aus seinen eigenen Filmkatakomben schöpfen und Perlen hervorholen, die man sich selbst immer und immer wieder gestochen scharf – im Vergleich zur Kassette – einfahren konnte. Das änderte alles – für diejenigen, die sich einen DVD-Player zulegten.

Ich musste zuvor noch verstehenlernen, was es mit MTV auf sich hatte, einem Sender, der das bunte Format des Videoclips pflegte: jugendlich anmoderiert auch von nicht mehr jugendlichen Menschen, was eine gewisse Autorität in Sachen Musik ausstrahlte. Autorität und Popkultur, das passte auf einmal zusammen und wurde zu einem Gebiet, auf dem man sich auskennen konnte, ja auf dem Expertise gefragt war. Dass diese Zeit auch just die Zeit der wuchernden Boybands war, dafür konnten die Leute von MTV ja nichts. Es war aber auch die Zeit von Freddie Mercurys Aids-Tod und Kurt Cobains Selbstmord. Zwei sehr unterschiedliche Männer der Musik verließen uns, und zwei Topoi wurden klar: diese irre Krankheit, die von solchem Ausmaß war, dass sie nur in Abkürzungen, ja Akronymen umschrieben werden konnte, und Selbstmord, der uns dumpf und grässlich traf und unsere Mütter vom Tod James Deans erzählen ließ, der sie damals aus allem herausgerissen hatte. Ich weiß nicht, ob man sagen kann, dass MTV eine ganze Generation geprägt hat, aber mich und meine Freunde hat es da abgeholt, wo wir sowieso standen und warteten: in den seltsamen 90ern, die mit geöffneter Mauer, Neonfarben und Techno begannen und mit dem Massaker an der Columbine High School endeten. Alles davon wurde im Fernsehen behandelt, besprochen, wieder aufgeführt, neu erzählt. Ich weiß das, ich hab's gesehen.

Fast nebenher und kindlich entrückt war dazu meine Obsession »Star Trek – The Next Generation«. Damals lief die von Gene Roddenberry kreierte Serie immer am Freitagnachmittag im ZDF. Das ließ mich die ganze Woche darauf hinfiebern. Über lange Zeit war freitags größtes Tagesziel: Anheuern auf der Enterprise und mit Captain Picard in unendliche Weiten aufbrechen. Noch heute habe ich einzelne der Folgen fest vor dem inneren Auge, kann Dialoge mitsprechen und bin selig, dass wenn ich aus dem Büro komme, Tele 5 die Wiederholungen zeigt. Dann bin ich wieder 13, werfe den Schulranzen in die Ecke, lege mich bäuchlings aufs Sofa und sage »Aye, aye, Captain« und Dinge wie »Mein Phaser zeigt nicht optimale Leistung, Captain«, »Einer solchen Belastung wird der Warpkern nicht lange genug standhalten können«, »Schilde hoch« und »Die Romulaner haben einen neuen Anführer« vor mich hin. Wie gesagt, ich komme aus dem Büro, wenn ich diese Worte vor mich hin murmle und auf den Fernseher zusage. Es kann hilfreich sein, gegen die ungeordnete Welt, eine so ordentliche wie die eines sich selbst reinigenden Schiffes wie der Enterprise, die ja im Grunde eine friedliche, fliegende Forschungsstation ist, in der eigenen Wohnung vorzufinden. Das hilft gegen die Choleriker im Alltag … die einem dann ein paar Kanäle flussabwärts begegnen, wenn die Schlusspercussion am Serienende den Raumschiffzauber bannt. Nun, auch da, in diesen Biegungen der Kanäle, klick ich mich gerne mal um.

Island unter allem

Fragt man Einar Kárason, den »John Irving des Nordens«, so erzählt er einem, dass alles im Jetzt seine Entsprechung in der Historie hat, und beginnt, vom 13. Jahrhundert zu schwärmen, das die Isländer bis heute erzählerisch zu erwärmen vermag. In besagtem Jahrhundert stand die Erdkruste genannt Island etwa knietief unter Blut, da die zahlreichen Fehden und Bürgerkriegsausbrüche unter einem Volk von nur wenigen alle betrafen. So ist das heute noch. Alles betrifft alle. 360 000 Bürger können nicht lügen: Man ist recht einsam. Diese exquisite Isoliertheit der Isländer beschrieb schon Nobelpreisträger Halldor Laxness in »Am Gletscher« und bis heute ist sie das Kapital eines ganzen Volkes. Was bis in die 60er-Jahre des letzten Jahrhunderts für eine gewisse Muffigkeit in den kleinen Straßengassen Reykjaviks gesorgt hatte, gar eine Restweltentfernung – die nicht nur topographisch, sondern durchaus mental zu verstehen ist –, ist heute gefeierter Exotismus. Alle sind (wie) Björk, die Welt hat den Beat der Jungle Drum von Emilíana Torrini vernommen und nach ihr getanzt. Island ist der Rattenfänger der Intellektuellen Europas geworden, die es sich haben gefallen lassen, im Frankfurter Buchmessetrubel, genauer in Halle 5.0, durch eine Offenbarung zu Lesern rücktransformiert zu werden. Island scheint mir eine Nation zu sein, die trotz unglücklicher Strecken in ihrer Geschichte von der Polarsonne des Glücks beschienen ist. Die Banken crashten 2008 und bescherten den Isländern etwas zum Verarbeiten. Literarisch, gedankenwandlerisch und für die Europäer in seiner Brisanz und tragischen Exempelrolle zutiefst verständlich, ja markerschütternd. Dann aber geschah etwas Herrliches, von den Kulturtreibenden aller Welt bejubelt: Die Nation stürzte sich neben dem Geschäft mit Aluminium (das darf nicht unterschlagen werden!) auf ihr kulturelles Kapital und gab ihren Künstlern zahlreiche Reise- und Arbeitsstipendien. Denn wer hatte den Ruf ruiniert? Die Banker. Wer hatte ihn aufgebaut? Die Vulkane, Geysire, die Künstler mit ihren zum Teil leicht exportierbaren, da englischen Werken.

Island strömte aus sich aus, Isländer tauchten überall in der Welt auf, und wer sich doch auf die Heimat besann, der entdeckte das Ferment alles Isländischen: die Sagas, die Rimur, die Edda. So begann 2011 der Siegeszug Islands über die Welt. Und eigentlich stehen wir doch alle noch in Messehalle 5.0 und kriegen die Tür nicht zu.

Snorkfräulein

Wann meine Mutter, das unbekannte Wesen, in ihrem beschäftigten Leben wohl Zeit gefunden hat, einen Snork kennenzulernen, das entzieht sich gänzlich meiner Kenntnis. (Ob mein Vater gar ein Snork war?) So oder so ist es ihr gelungen, ein Snorkfräulein zur Welt zu bringen.

Wovon redet Nora Gomringer da? Sie redet von der Feststellung, dass sie selbst je nach Stimmung die Farbe wechselt, gerne Schmuck trägt, ein Faible für Kleider und ihren gleichaltrigen, gleich großen, sehr ähnlich aussehenden Freund und Mit-Abenteurer Mumin hat. Nora Gomringer ist also ganz eindeutig und (fast) ohne Zweifel ein Snorkfräulein unbestimmbarer Provenienz, na zumindest ist sie ein Fan. Das Ur-Snorkfräulein und damit Fräulein aller Fräuleins (im Original »Snorkfröken« genannt) ist der zeichnerischen Feder der genialen finnlandschwedischen Tove Jansson entschwungen, der in Finnland und Schweden große Restrospektiven gewidmet wurden, die lange Schlangen vor den Museen entstehen ließen. In Ländern, in denen Kinder- und Jugendliteratur den ihr angemessenen, ebenbürtigen Stand neben (und nicht hinter, unter, weit hinter ... versteckt) der »anderen Literatur« wie selbstverständlich einnimmt, da werden ihre Schöpferinnen und Schöpfer verehrt und ihr Werk in einem Atemzug mit den Nobelpreisträgern des Landes genannt, wenn es um Empfehlungen zur Lektüre geht. Und siehe da: Im Kindertext steckt Wahrheit, Spiel und Weisheit drin – gleich drei Dinge auf einmal! Das Snorkfräulein in der Literatur ist ein reizendes Wesen von nicht ganz klar konturierbarem Charakter. Sie taucht zum ersten Mal in der Langerzählung »Komet im Mumintal« (»Kometen kommer«, 1946 – im Jahr 1961 ins Deutsche übersetzt) auf. Die apokalyptische Geschichte – ein Komet rast auf die Erde zu und droht das Tal und damit die Welt der knuffigen Trolle zu zerstören – ist eine Aventiure fast klassischer Art: Zwei Helden ziehen aus, die Bedrohung zu erkunden, dabei werden Abenteuer links und rechts des Weges und neue Gefährten in den Bund des Erlebten aufgenommen. Das Snorkfräulein hat seinen goldenen Fußreif verloren, ist vom Weg abgekommen, ihr aufgebrachter (und deshalb leicht lila gefärbter) Bruder versucht, ihr beizustehen. Das Geheimnis um die Identität der Besitzerin des Goldreifs bringt den jungen Helden Mumin dazu, noch mutiger zu werden. Dass er sie letztlich aus den Zweigen eines fleischfressenden Busches befreit und sich damit und per Ringrückgabe eine Lebenspartnerin beschert, das ist schon fast Hollywood. Aber wir sind weit weg von amerikanischen Ausmaßen. Wir sind im Mumintal, wo die Ängste und die Freuden seiner seltsamen Bewohner nah beieinanderliegen, wo Wesen wie Morcheln nur in Gruppen auftauchen, stumm, aber durch Überpräsenz Unglück verheißend und im Status zwischen Tier und Pflanze verharrend bei Darwin nur Kopfschütteln erzeugt hätten. Kenner dieser Welt wissen, dass ich hier von den undurchschaubaren Hatifnatten schreibe. Will man sich an eine Einschätzung der Rollenpsychologie meiner Lieblingsheldin wagen, so fällt der soziale Kontext sicherlich ins Gewicht: Das Fräulein lebt unter dem Dach fremder Leute. Sie ist von ihrem Retter in dessen Heimat mitgenommen worden und lebt fortan in der Schwiegerfamilie bei Mumin, Muminpapa und Muminmama. Wie alt sie ist, das ist nicht wirklich zu sagen. Von daher schätze ich, dass sie eine gut entwickelte 14-Jährige ist, die in ihren Emotionen gehörig schwankt, sich mal verliebtverlobt und mal aufgelegt zu Grausamkeiten gegenüber dem wohl etwa gleichaltrigen Mumin fühlt. Blassgelb ist sie – so erwähnt es Jansson im Kometenbuch und später in den unzähligen Comicstrips, die sie für den London Standard in den 50er-Jahren entwickelt hatte und die in den letzten Jahren allesamt beim deutschen Verlag Reprodukt neu aufgelegt worden sind. Ein gelblicher Pony fällt ihr in die Stirn, der goldene Reif ziert ihre nicht zierliche, aber oft tänzerisch gereckte Fußpfote an ihrem sonst reinweißen runden Körper. Dieses Mädchen ist ein Traum vom Typ Zitronenbuttermilch. Ja, und Helden, die sollen ja nach altbewährtem Muster Gelegenheit zur Identifikation und sehnsuchtsvollen Projektion schaffen. Dieses Fräulein vermag dies uneingeschränkt. Sie ist eigen, doch anhänglich, hilfsbereit, aber nicht bis zur Selbstaufgabe. Sie hat ein gutes Herz, einen es ausbalancierenden Eigensinn und eine gesunde Egozentrik. Das sind doch die Züge, die man um die schmunzelnde Mundpartie einer jeden Heldin sehen möchte!

Nora Gomringer war auf Einladung des Goethe-Instituts im September 2014 Stadtschreiberin in Helsinki.

Kleine Lektionen anhand langer Wörter

Lektion 1:
epäjärjestelmällistyttämättömyydelläänsäkään

Fangen wir mit einem fast mythisch umwobenen langen Wort an! Dieses Wort – ja!, ich habe es ausgesprochen gehört, und ja!, ich habe es sogar auf ein Frauenbein tätowiert gesehen – hat die nicht ganz unumstrittene Bedeutung: »sogar mit ihrem Mangel an der Fähigkeit, etwas in Unordnung zu bringen«. Will umschrieben heißen: »Eine, die es ganz und gar nicht schafft (d. h. auch beim besten Willen und Bemühen nicht), etwas in Chaos zu verwandeln.« Weil es hier durch viele Konjugationsstufen samt Nominalstrukturen weht und noch hie und da eine Präposition aufschimmert, will ich den auf diese Art gequälten Finnisten (so heißen die Linguisten und Forscher der finnischen Sprachwelt) meine Hochachtung und meine Bewunderung aussprechen. Ich habe den Vulkannamen mit »E« gemeistert, ich kann das mit dem Blaukraut recht schnell hintereinander kolportieren, aber dieses muränenhafte Wort mit zahlreichen zwinkernden Äuglein über den As und Os … das ist Kunst. Und ich freue mich, dass es so einen strengen

Inhalt hat, das lange Wort. Denn so lerne ich die Finnen kennen. Herzensgut, doch streng den Regeln und normierenden Gesetzen des Zusammenlebens verbunden. Kein Hund ohne Leine, kein Kind ohne Krippen- oder Studienplatz! Vorbildlich! Weitermachen!

Lektion 2:
Mysterywörter auf Filmplakaten

Das fängt ja gut an. Zweite Lektion und schon nur noch Allgemeinplätze! Jaha, aber nicht ganz! Wenn man länger von einer fremden Sprache umgeben ist, die neue Sprache nicht lernen muss, aber ihr nicht abgeneigt gegenübersteht, sondern neugierig und ohne Zeit- und Sozialdruck, dann gibt es den Moment des Verharrens »im köstlichen Innerzustand der Muttersprache«. So nenne ich das, wenn sie tatsächlich und beinahe körperlich zu fühlen ist, die Nähe zu unserer ersten Zunge, die uns das erste Lesen und für immer das Zählen ermöglicht – egal, in wie vielen Sprachen wir dann sprechen lernen. Der Abstand zur neuen Sprache ist dann nur noch minimal, bald kommt das Nachahmen, das Verstehen. Hier in Finnland liebt man Majuskeln auf Plakaten und in der Werbung. Alle Wörter sollen gleich wichtig sein, gleich »laut« um das Leserauge buhlen. Für mich ungeheuer lustig: Ich kann die Plakate ja (noch) nicht lesen und kann folglich nur nach den Abbildungen ein Verstehen versuchen. Und da spielt mir die moderne Bildsprache gehörige Streiche. Umberto Eco hätte seine Freude an meinen Semiotikspekulationen! So fand ich mich im Kino einem Holzfällerdrama mit einem Unsympathen erster Güte in Eis und Schnee ausgesetzt, nachdem ich dem Plakat mit einer zarten Blumenabbildung gefolgt war und *Mielensäpahoittaja* (»Mann, der sich ständig aufregt«, kurz:

Nörgler) eben partout nicht übersetzen konnte und ich mal wieder ein Abenteuer ohne Google Translator erleben wollte. Mein »Innerzustand« hat sich köstlich amüsiert. Ihrer wird es auch. Mutig sein, los, und in den erstbesten Film in OmU als Selbstexperiment, bitte schön!

Lektion 3:
Schimpfwörter

Im finnischen Miteinander geht es, wenn überhaupt gesprochen wird, deftig zu. Krude Schimpfwörter sind überall und immer wieder zu hören. Entschuldigungen (*Anteksi*) hört man selten. Warum auch? Der Finne rempelt nicht, im Gegenteil: Er hält Abstand, wo er nur kann. Dieser Abstand geht so weit, dass von Ausländern in Finnland über Herzenskälte, Gefühlsarmut und Kontaktschwäche geklagt wird. Wann also werden die Schimpfwörter eingesetzt? Beim Vor-sich-hin-Murmeln. Da zeigt sich das finnische Gemüt in folgendem Satzbau: Grummel, 1. Schimpfwort, Aussagepartikel im Satz, 2. Schimpfwort, weitere Aussagepartikel, 3. Schimpfwort. Schweigen. Langes Schweigen. Auf die Frage eines unbedarften Ausländers, was denn diesen Ausbruch rechtfertige, keine Antwort. Das heißt … eine verzögerte Antwort, denn völlig unvermittelt *doch* eine: Weil es eben so sein musste. Klar! Der Finne spricht mit großer Souveränität und Sicherheit. Auch scheint mir diese Sprache für ein angenehmes Stimmtimbre vor allem bei Frauen zu sorgen. Sie klingen alle recht tief. Das steht den lange emanzipierten, stolzen Frauen des Nordens gut. Hier quietscht keine wie eine Maus (wie in so vielen amerikanischen High Schools zum Beispiel). So wird also schön tiefstimmig geflucht im Rahmen der Alkoholexzesse, die ich mit eigenen Augen an jedem Wochenende meines Aufenthaltes gesehen habe! Oktoberfest ist reine Konfirmation dagegen! Ich schreibe Ihnen hier einen gehörten Satz nieder, wer ihn übersetzen möchte, der sei gewarnt: Der Herrgott könnte sich von ihm abwenden, wie damals Jesus sich von seiner Mutter. *Vittu siellä helvetin juhlissa mitään saatanan viinaa tarjttu jumalauta!* Wenn es noch schlimmer sein muss, ist stets und überall ein *perkele* einzufügen und damit gleich der große Widersacher im Christentum auf den Plan zu rufen. Ich beschwöre Sie, tun Sie's nicht zu oft, man soll ja vorsichtig sein mit dem, was man sich wünscht. Aber wenn Sie's tun: Rollen Sie das Rrrrrrrr!

Lektion 4: korvapuusti

Wer sich schon einmal aufgemacht hat, eine andere Sprache zu erlernen, sei es durch einen VHS-Kurs, den Besuch einer Sprachschule, Privatstunden oder Online-Angebote, der weiß, dass es Ohrfeigen geben kann. Eine solche schallt zum Beispiel, wenn man mit dem neu gewonnenen Sprachgut zum ersten Mal versucht, Tee und Kuchen in der Landessprache zu bestellen und einem etwas mitleidig auf Englisch geantwortet wird. Eine wortwörtliche gibt es in Finnland: Ein *korvapuusti* ist eine Ohrfeige, oder besser, eine Backpfeife, denn der köstliche Hefekringel mit Zimtfüllung und Zuckerstreuseln obenauf ist warm aus dem Ofen eine besondere Gaumenfreude. Was bei uns aus dem Obstkorb gereicht wird (Ohr*feige*!), kommt hier aus dem Ofen. Allerdings gibt es auch andere Schläge, die man als Wanderer in neuen Sprachwelten erhält (und auf der anderen Seite sicherlich auch zurückgibt, oftmals völlig ohne besseres Wissen). Den für den deutschen Geist schmiedeeisern, bitterkalt und starr eingefassten Satz »Arbeit macht frei« hört man in Finnland oft. Er kommentiert das eigene Seufzen, wenn noch viel an dem jeweilig beklagten Tag zu erledigen ist. Wenn man dann ausholt und erklärt, warum man diesen Satz nicht hören möchte, man zuckt, wenn man ihn selbst ausspricht, dann wird einem ein unverständiges Lächeln geschenkt. Meine Lesungen in Tampere an der Universität und der Deutschen Schule in Helsinki, in Buchläden und Clubs, am Goethe-Institut in der Hauptstadt haben immer wieder Gespräche über Kriege eröffnet. Die Finnen schwelgen in ihrem durch *sisu* (stoische Determination) gewonnenen Kampf gegen die Russen im Zweiten Weltkrieg und sind überzeugt, dass dieser Satz – der für mich nur über den Toren der Konzentrationslager prangt und keine Phrase der gesprochenen Sprache sein darf – die Wahrheit in ihrem Sinne ausdrückt, ohne böse Gedanken, einfach, direkt. Eine junge Finnin hat es mir sehr einfach erklärt, und so gilt es wohl auf der ganzen Welt: »In deiner Sprache sind diese Worte negativ besetzt. In einer anderen Sprache ist das nicht so. Für uns bedeutet der Satz nichts als guten Rat.« Mich ohrfeigt er, und ich werde ihn mein Lebtag kommentieren und nicht müde werden, an meinen Gesprächspartner zu appellieren, dass die Gefühle, die an diese Worte gebunden sind, uns alle betreffen.

Eine Verneigung: die neuen Serien

Sonntagnachmittag. Was sehe ich? »Ulrich protestiert« – ein Ein-Mann-stellt-Fragen-Format entwickelt für ZDFinfo. Es geht um das Klima, seine Erwärmung und die damit einhergehenden Veränderungen, die uns alle angehen, was wir aber noch nicht alle begriffen haben. Dann sehe ich Wiederholungen des »Denver Clan« und endlich mal wieder Krystle Carrington, die von der Sekretärin zur wohltätigen Ölmagnatsgattin wurde. Als ich zehn Jahre alt war, war diese Frau aus Colorado neben meiner Mutter und meiner Tante Irene die schönste Frau der Welt. Parallel klicke ich mich durch meine Facebook-Seite und sehe, dass meine Freundin Nina Sonnenberg, die bei ZDFkultur den »zdf.kulturpalast« moderiert, als Nominierte und »flau im Bauch« der Preisverleihung entgegenbangt. Weil das Wetter totaler Mist ist – von Ulrich weiß ich mehr über das Warum diesbezüglich – bleibe ich weiter am Bildschirm und sehe eine Wiederholung meines Lieblingsmagazins »Yourope« auf arte. Da lernt man was über Europa und seine Menschen, die Mafia und den Müll in Neapel, das Wahlverhalten einzelner Volksgruppen und das Walfangverhalten ganzer norwegischer Flotten. »Wissen macht Ah!« mit Shary und Ralph erklärt den ganzen Rest für Menschen mit frühester Fernsehbereitschaft, und Anke Engelke im KiKa lässt einen immer wieder staunen, wie »normal« Menschen mit Kindern und für Kinder Programm machen können. Kein Babygebrabbel, keine Teilung der Welt in Pink oder Blau. Alles sehr nett und irgendwie ganz da. Als mein Freund mit einer Kanne Öl für den Ofen hereinkommt, läuft gerade auf 3sat eine Sendung des Schweizer Fernsehens aus der Reihe »SRF bi de Lüt«: über Hüttenwarte. Da wird in ausgedehnter Gemächlichkeit berichtet, wie drei Hütten von drei unterschiedlichen Warten gepflegt, verwaltet und eben gewartet werden und wie das über die Saison funktioniert. Die freundlichen Schweizer werden von deutschen Stimmen nachgesprochen, wenn's zu arg nach »Chuchichäschtli« klingt, aber sonst wirkt die Sendung sehr gemächlich, schön, ehrfürchtig vor dem Land und der Entscheidung dieser Leute, in so großer Welt- und Trubelferne mitten in den Bergen leben zu wollen. So eine Dokumentation gäbe es im amerikanischen Fernsehen nicht zu sehen. Da fehlte die ständig präsente Musik, die alles peitscht, und es fehlte die Kommentatorenstimme, die alle putscht. Dokus, in denen das Ding, der gezeigte Gegenstand oder der Mensch an sich spricht, seine Handlungen gezeigt werden, sind mir die liebsten. Mit meinem Freund, dem großen Autor Michael Rutschky, bin ich da ganz einig: Das Kommentieren der Nahrungsaufnahme von Affen im Zoo von witzgeplagten Moderatoren ist eine Frechheit gegenüber der Kreatur. »Jetzt isst der Tamulin auch eine Banane, wird aber auch Zeit.« Was soll das?

Zu viel Komödie tut uns nicht gut, scheint mir. Die Deutschen sind da auch immer ein bisschen zu wohlmeinend. Es muss allen gerecht werden, aber nicht gleichmachen, es soll lustig sein und deshalb eher laut und immer pointiert. Manchmal kommt es mir vor, als würden wir deutschen Inhalt in amerikanisches Format quetschen, wenn's um Comedy geht, und dann merken wir: Hoppla, unsere Silben sind länger, unsere Leitungen auch, das Timing ist off. Schön ist es da, die hintersinnige, fränkisch moderate Mia Pittroff zu erleben, die sich Zeit nimmt auf der Bühne, das Lachen kommen lässt, nicht dirigiert und auch mal Stille aushält an exponierter Stelle. Das passiert alles am Sonntagnachmittag, wenn der Nebel über den Döbraberg kriecht und ich mein Heil in der Glotze suche. Nebenher, das wissen Sie ja jetzt, tippe ich. Aufsätze, Artikel, Gedichte, Briefe, Geschichten entstehen, während ich mich berieseln, aber auch berauschen lasse.

In der Recherchephase zu diesem Text ist übrigens jemand gestorben. Jemand, der eigentlich nur im Fernsehen existierte und auch nur für diejenigen, die Musicalnummern in extremer Dichte innerhalb einer knapp vierzigminütigen Sendung ertragen können. Ein junger Mann mit schöner Stimme hat sich das Leben genommen. Er gehörte zum Cast, also der Schauspielerriege der amerikanischen Fernsehserie »Glee«, die die Besetzung eines Show Choirs – ein seeehr amerikanisches Phänomen – samt seines Gesangslehrers in Opposition zu der herrlich bösen Sportlehrerin zeigt, die einen Show Choir natürlich für ekelhaften Mädchenquatsch hält, vor allem seit ihr der Quarterback aus dem Football Team in Richtung Gesangsroutine statt nachmittäglichem »Hut-Hut!« entwichen ist. Just dieser Quarterback war der junge Mann mit der schönen Stimme, ein Doppelbegabter, meistens im Interessendilemma. Cory Monteith hieß er, sein Name wird nicht lange kursieren, denn seine eigene Serie – die, die ihn bekannt und fast berühmt gemacht hat – hat ihm in einer der letzten Folgen bereits ein Denkmal gesetzt. Er ist Geschichte in seiner Geschichte, wird nur noch hin und wieder in den Gedankenblasen und halben Sätzen der anderen Schauspieler auftauchen, zum Zwecke einer Kontinuitätsidee innerhalb der Serie, aber mehr auch nicht.

Worauf ich hinauswill: In Serien, vor allem solchen, die nach dem aristotelischen Bauprinzip von Exposition, retardierendem Moment, Klimax und Ende gebaut sind, sprich 99 Prozent der amerikanischen Produktionen, wird Erinnerung und Gedächtnis selten additiv zum Wissensgewinn eingesetzt. In der einen Folge lernt einer, warum etwas so und so ist. In der nächsten spielt es keine Rolle und in der übernächsten gilt es, diesen Wissensgewinn gleich noch einmal zu wiederholen, weil sich das Wissen der vorvorletzten Folge nicht erhalten konnte. So erhält vieles im Fernsehen seine Unschuld. Durch Verdrängung. Wir Zuschauer haben das Wissen gespeichert – sind also längst nicht so unschuldig –, wissen nachhaltig, warum etwas so und so ist. Immer sind wir von den Serienmachern in die Rolle der Allwissenden gegeben, selbst wenn mit der Preisgabe bestimmter Details der Stoff sparsam gefüttert wird. Ohne diese Fütterung allerdings würden wir wohl schnell das Interesse verlieren, denn wenn sich eine Serie nur um ihrer selbst willen abspult, dann bleibt sie unter sich und wir außen vor. So kommuniziert das Fernsehen mit uns, es schenkt uns – nur dem innersten Kreis der eifrigen Zuschauer – vorbehaltenes Wissen. In einer groß angelegten Serie, die sich in mehreren Staffeln nicht zu Ende erzählt und somit die Illusion gigantischer epischer Räume eröffnet, nämlich Martin Scorseses Produktion »Boardwalk Empire«, die sich der Jugendphase der großen amerikanischen Gangster der 20er-Jahre, also Al Capone und kriminelle Konsorten widmet, findet sich ein glitzerndes Beispiel. Scorsese selbst sagt im DVD-Interview, dass er das Fernsehen so liebe, weil es ihm Raum gebe, es ihm für die Wiederentdeckung des Epos einen angemessenen Rahmen ließe.

Wer hätte das gedacht? Während der Trend der Sender im täglichen Fernsehprogramm zum Klein-Kleinstformat tendiert, den Zuschauern beständig die Autorität über ihre Aufmerksamkeitsspanne von den Programmmachern abgesprochen wird, entwickelt sich seit Mitte der 90er-Jahre angefangen mit den Serien »Akte X«, »Emergency Room« und vor allem den »Sopranos« eine neue Erzählweise für den Kasten, der ja längst kein Kasten mehr ist, sondern mancherorts ein weiteres Gemälde im Raum, bewegte Bilder zeigend. Seit die Fernseher in der Wand verschwunden sind, sie sich wie Rahmen für Handlungen schmal und das zu Zeigende gestochen scharf präsentieren, ist die sehr vergnügliche Vision der sich bewegenden Bilder in Harry Potters Schlossanlage Hogwarts längst kein Rowling-Zauber mehr. Unsere Fernseher sind zu Geschichtenerzählern geworden, sie waren nie verwandter mit den vieldeutigen, bis ins Kleinste sich aufschlüsselnden großen allegorischen Gemälden der Vergangenheit als heute. Der eine sagt: Ja, endlich wieder. Ich sage: Zum ersten Mal erkennt das Medium seine Begabung. Da wo sich die Geschichte vom 20-Minuten-Format eingezwängt sieht, kann sie andernorts mit eigenem Profil und sehr bestimmter Anziehungskraft in 40 oder gar knappen 60 Minuten auf ihre Zuschauer einwirken. Wir alle wissen, dass das die angemessene Einwirkzeit für allerlei Produkte des täglichen Lebens ist. Da ist Raum – auf einmal viel mehr Raum für Erinnerung und Gedächtnis. Freilich – wie eingangs erwähnt – ist für den Umgang mit diesen Themen innerhalb von Seriengeflechten etwas anderes entscheidend: die Prinzipien der Odyssee. Das Neue, das es in vielen Kapiteln zu erzählen gilt, der augenscheinlich vernachlässigte Lösungsweg zugunsten eines Handlungsstranges oder mehrerer, die den Zuschauer an den Helden und seine Vertrauten binden. Serienhelden werden zu Lebensbegleitern, weil sie Leben spiegeln. Auch im Leben ist Erinnerung allem voran: die halbe Miete.

Meine neuen Lebensbegleiter für die Dauer des Verschlingens der verschiedenen Staffeln waren: die Inselgestrandeten der Serie »Lost«, die »Mad Men« der Werbebranche der 60er-Jahre in New York, die unsäglich verzahnten feudalen Familien des grausamen »Game of Thrones«, der Menschenfresser und Psychiater Dr. Hannibal Lecter und nun zuallerletzt die zahlreiche Belegschaft des britischen Anwesens »Downton Abbey«, porträtiert in einer Zeit des gesellschaftlichen und industriellen Umbruchs um die Jahre des Ersten Weltkriegs.

Reichlich bunt gemischt, wer sich da in meine Gedankenwelt eingeschlichen hat, Folge um Folge, erschreckend die Zahl an Stunden, die ich mit dem Sehen dieser Serien zugebracht habe. Wenige nur habe ich wirklich bereut. Die neuen Serien sind die Romane der Gegenwart, sie funktionieren wie die Fortsetzungsromane des 19. Jahrhunderts, tragen shakespearesche Züge, sind von all diesen Traditionen informiert und doch eigen.

Da muss gar nicht nach großen alten Epen gefischt werden, es werden genug im Jetzt aufgetan. Verbindungen, nein, eher Verquerungen unter Mitmenschen, die biblische Dimensionen tragen und für die man ganze Serien entwirft. Ob es verzweifelte Hausfrauen in einer Straße sind, junge Ärzte, die sich im Praktikum für Beruf, Liebe und Leben befinden oder letzte Truppen Standhafter, die sich gegen eine globale Zombieepidemie schützen – sie alle werden in mehreren Staffeln zu neuen Helden, Antihelden und Hybridmischungen beider. Das scheint ein Rezept zu sein: Der Held, mit dem man mitgeht, dessen Abenteuer man mitleidet, schwankt von Folge zu Folge von Gut zu Böse zu Uneindeutig und wird dadurch lebensnah. Wer Walther White beim Crystal-Meth-Kochen zusieht, der wird sein Komplize, geht mit ihm durch Millionen-Dollar-dick und Kartell-Bedrohungs-dünn. Der Zuschauer und Serienfan versteht, warum White handelt, wie er handelt. Er sieht in ihm einen Menschen, nicht mehr so sehr einen tarzanesken, eindeutigen Helden. So ist diese neue Serienwelt vielleicht eine Absage an den klassischen Helden bei gleichzeitiger Verbeugung vor »neuen Menschen« für das Fernsehen des 21. Jahrhunderts. Den Zwängen und Drängen des Kapitalismus unterworfen, diesen hin und wieder und nach Kräften trotzend, aber der Gesellschaft auch sozialromantisch ergeben. Das würde auch erklären, warum so viele Sendungen mit Märchenthematik die Sender durchfluten. »Once« lässt alle Bewohner von Storybrooke im

Dornröschendämmer harren, bis der Prinz der Wahrheit diesen Vergessenszustand fortküsst. »Grimm« lässt den letzten Nachfolger der großen Brüder gleichen Namens mit CSI-Methoden grausige Morde aufklären. Hänsel und Gretel sind im neuesten Kinofilm brutale Hexenjäger mit einem Hang zum Sadismus.

Und warum nicht? Eine gute Geschichte – und keiner wird bestreiten, dass Märchen gute Geschichten sind – verträgt Interpretationen, die sich nicht weiter anschmiegen, sondern eher aufbiegen. Natürlich gibt es auch schlechte, langweilige Serien, die einen ständig wach halten wollen mit Bedeutungsschwangerschaften, aber irgendwie wird »Heroes« nach der ersten Staffel nur verworrener und düsterer. Da können die schönen goldenen Locken der Klitschko-Freundin Hayden Panettiere auch nicht den Weg leuchten.

Das Fernsehen gibt Autoren und Entwicklern wie Frank Darabont und Vince Gilligan ein neues Denkformat. Kein fremdes, schließlich sind sie alle mit dem Fernseher aufgewachsen, können sowohl visuell in 60x80, in Schwarz-Weiß und in Farbe denken, aber auch Stoffe entwickeln, die sich in 50 Minuten erzählen lassen, ohne die Sinne zu verkleistern, sondern wach und staunend zu halten für die nächsten 50 und immer so fort. Vielleicht sollten sie, sollten ihre Drehbücher in den Schreibinstituten Deutschlands und nicht nur in den Drehbuchschmieden vorgelegt werden. Denn wenn schon Prosa, dann doch bitte gute, klare, harte, böse, ernste, weiche, kluge.

Ich finde im Fernsehen viel von dem, was mich auch über den Knopfdruck hinaus beschäftigt. Also nehme ich an, Fernsehen wird von Menschen gemacht, deren Gedankenwelt ich bisweilen teile, deren Gefühle ich kenne, deren Wünsche mir vertraut sind. Das ist tröstlich und führt mich zurück zum Anfang: Ich sehe aus Überzeugung fern.

Schon weil es nach Pionierarbeit klingt: fern sehen, um Dinge, Inseln, Menschen, Neues zu entdecken!

Leben lesen aus den 60ern

Seit ein paar Tagen bin ich mit einer intensiven Analyse beschäftigt. Es handelt sich um eine sozialhistorische, kulturkritische Studie medialer Art. Ich sehe »Mad Men«, die Serie. Staffel für Staffel. Und verschwinde damit im wahrsten Sinne »zusehends« in den 60er-Jahren. Eine Welt, in der mein Vater ein junger Mann und meine Mutter gerade mal volljährig war. Diese Welt scheint beherrscht von Zigaretten, Trunksüchtigen und Frauenverdrehern (sic!). Von rassendiskriminierenden, homophoben und antisemitischen Äußerungen, chauvinistischen und voremanzipatorischen Flegeleien der Männer gegenüber den allzu beherrschbaren Frauen ganz zu schweigen. Weil ich gerade ein Radiofeature schreibe, in dem ich zwei Dichter porträtiere, wird mir eines klar: Wer heute schreibt, bezieht sich häufig auf die 60er-Jahre, denn während die New Yorkerin Elaine Equi sich zum poetischen Erbe, dem Einfluss von Frank O'Hara im Hier und Jetzt bekennt, beginnen die Männer der Madison Avenue – die Serienhelden – auch damit, seinen Lyrikband »Meditations in an Emergency« zu lesen. Heute erntet man vielerorts die Früchte dieser durchdisziplinierten Welt. Die Konkrete Poesie zum Beispiel lebt, die Werbesprache hat sie wie eine Stafette weitergereicht. Ich habe nachgelesen und in Frank O'Haras Texten eine Aufbruchsstimmung mitklingen hören, die viele der kulturellen Nebenmitteilungen der Serie auch vermitteln. Schöner Materalismus, in dem die Picknickdecke mit Müllresten noch ohne ökologischen Gewissensbiss ausgeschüttelt werden konnte! Mit Mark-Rothko-Bildern als Teil des Set Designs, Bob Dylan in aller Munde und den unvergleichlich roten Lippen der Serien-Protagonistinnen denke ich, dass jede Zeit Vorzüge hat. Sylvia Plath scheint diese aus dem Ofenrohr heraus (nicht mehr) beachtet zu haben, trotzdem stammen ein paar der gewichtigsten, klarsten Gedanken von ihr und Anne Sexton, diesen Dichterinnen, die doch nur gute Mütter und beständig kochende Gattinnen hätten sein müssen. Beide haben sich selbst und vorzeitig aus der Lebensgleichung herausgenommen. Hätten sie doch nur Frank O'Haras Selbstauskunft gelesen, geglaubt, gelebt: »Ich bin der Unkomplizierteste aller Männer. Alles, was ich will, ist bedingungslose Liebe.« Damit kann man doch was anfangen!

Zum Beispiel beim Meditieren während eines Notfalles.

The Great Gazosa

Ich war im Kino. Und alles und jeder hat gefunkelt, kam mir entgegen und konnte laufen, sogar den Charleston tanzen. Und über allem drohend mindestens ein wachsames Augenpaar, während das meinige mit einem 3D-Aufsatz beschäftigt war. Baz Luhrmann kann Kino. Der australische Regisseur hat uns von seiner Heimat (»Australia«), von »Romeo + Juliet« und Geschichten aus dem »Moulin Rouge« erzählt und hat schon vor 3D alles und jeden tanzen (und singen!) lassen, dass es eine opulente Wucht war. Klein geht nicht. Und das passt natürlich zum großen Gatsby, den Luhrmann jetzt gefunden hat in den Pflichtlektürestapeln der High Schools. Ein wichtiges Werk von F. Scott Fitzgerald, in dem Sehen und Urteilen, Verurteilen und Blindsein wichtige Motive sind – und die Geschichte des Erzählers (des jungen Ehrgeizlings Nick Carraway) vorantreiben. New York ist noch ein paar Jahre vom Black Friday entfernt, 1922 fließt viel Champagner und härterer Stoff unter und über die Theken, denn es herrscht Prohibition. Und wo verboten wird, wird gleichzeitig (wie es scheint) immer mehr vom Verbotenen erlaubt. Eigentlich ist es eine Geschichte der Oberflächen. In Gatsbys sagenhafter Villa glänzt alles. Es strömt Lockstoff aus allen Ritzen, um eine verlorene Liebe anzulocken, einzufangen, zu besitzen. Der Lockstoff heißt Geld und das stinkt nur bedingt. Die Oberflächen aller Schauspieler sind durch HD- und 3D-Effekt so glatt, so gebräunt oder milchig, dass man schnell versteht, hier bewohnen (Geld-)Götter den Olymp. Der eine aus gewachsenem Reichtum, der andere aus ergaunertem, die anderen arm und geldgierig und letztlich alle dubios. Selbst der mittellose Nick ist erst nach aller Blendung ein Sehender, der wieder für sich urteilen mag. Vorher hat das Nervengas sie alle angelockt, betäubt, sie überspannt gemacht: das Nervengas »viel Geld«. Dazu ständig dieses Funkeln! Spiegelflächen, Augen, Brillengläser, Wasser in Swimmingpools, Scheinwerfer, Signallichter in der Meeresbucht – optisches »Gerät« findet sich in jeder Szene des Films, wie in allen Kapiteln des Buches. Der Film hält dem Buch die Treue. Ich habe mich gefragt, wen dieser Film – trotz oder wegen all seiner Vorzüge – interessieren könnte. Vielleicht junge Amerikaner, die über »The Great Gatsby« eine Hausarbeit schreiben müssen und jetzt nicht mehr die angestaubte Robert-Redford-Verfilmung leihen, sondern die mit DiCaprio. Ich wünschte allerdings, sie würden das Buch lesen. Das ist kostbar, von dem hyperaktiven Partytier Fitzgerald 1925 geschrieben. Fast liest man die Verzweiflung daraus, aus dem wilden Konsum und der *upper classification* der *roaring twenties* Sinn machen zu wollen, mehr darin *sehen* zu wollen, als die *Oberfläche* eben zeigt. Ich hatte im Kino so eine Himbeer-Gazosa-Flasche gekauft und sie mir immer wieder vor die Brille gehalten. So war alles 3D und rosa: der beste optische Modus überhaupt! Und recht poetisch, wenn man's bedenkt.

Jasoom

Jasoom, das ist die Erde. Barsoom ist der Mars. Mehr brauchen Sie nicht zu wissen. Das Leben des John Carter spielt sich mehr oder weniger unfreiwillig zwischen den Planeten ab, seit diese Wahrheiten 1912 Eingang in die Science-Fiction-Literatur fanden. Edgar Rice Burroughs hat sich die »Mars«-Saga ausgedacht und Walt Disney hat sie verfilmt. Neben den unsterblichen Frank-Herbert-Fantasien, die auf dem fiktiven Planeten Dune (wie Mars ein Wüstenplanet) lebendig wurden, sind Burroughs Visionen wohl die bekanntesten literarischen Planetenutopien. Na ja, natürlich steht auch das »Star Wars«-Universum des George Lucas in den Fixsternen. Planeten sind prima zur Narrationsjonglage. Schon in Dr. Seuss' »Horton hears a Who!« ist es ein runder Blumenkopf, auf dem ein ganzes Völkchen lebt und sich dem Elefanten und Retter Horton einschmeichelt. Rund sind diese Himmelskörper auf den ersten Blick. Die Physik erklärt: Ellipsen sind's und wir nicken und denken … trotzdem rund. Damit auf den Planeten das Denken auch mal die Richtung ändern kann. Der Spruch von Francis Picabia, der in Studenten-WGs alle Generationen wieder auftaucht, funktioniert ja eigentlich nur für geschlossene (Kopf-)Systeme. Aber so ein Planetenball, ein Erden-Mars-Jupiter-Rund, lehrt hin und wieder vollstens die Ehrfurcht vor künstlerischer Schöpfung. Ob vielarmige Marsmenschen aus einer Art Bronzezeit mit reflektorenbeflügelten Söldnerlibellen-Luftschiffen kämpfen oder wie auf Dune das Spice und die Sucht nach dem Suchtstoff und dessen Ernte alles bestimmen – auf der Erde geht es ganz ähnlich zu. Und darüber schreiben die fleißigen Autoren. Es kracht im Imperium, dem Mann »kehlt« es nach Ruhm, und durch Feuchtgebiete und andere Biotope führen uns Axolotl und Roche(n). Gerade schiebt sich ein Giraffenhals durchs Fenster in der Biologiestunde, und auf den englischen Bestsellerlisten lebt ein kleiner Junge in einem einzigen Zimmer, das ihm sein Ein und Alles ist: ein *oneroom-universe*. Darin gibt es übrigens eine runde Dachluke, panzerverglast. Da sieht man den Mond so schön, wenn man doch nie wirklich weiß, ob er nicht eigentlich aus morschem Holz, Käse oder einfach eine teil-schattige Junggesellenbude ist. Der Blick hinauf lohnt sich immer. Spekulieren ist Autorengeschäft.

Schullesungen

oder wo die magischen Spezialisten sich doch bitte selbst vorstellen mögen

Sie sind ein Phänomen, fallen unter die Kategorie der »Spezialistenbesuche« an öffentlichen Einrichtungen und werden in der Regel mit 7 Prozent besteuert: die Einladung an Schulen, um dort vor Schülern Texte vorzulesen, die diese selten selbst auswählen, noch seltener kaufen würden. Literatur an die Zielgruppe herantragen: Da wird der Autor das Kamel seines Textes, der Lehrer das Kamel des Autors, die Schüler Kamele ihrer pubertären Stimmungen. In der Regel trifft sich so eine große Karawanserei in einer Aula, einem Medienzimmer, einem Beiraum, der verschiedenen Zwecken zugeführt werden kann. Viele Schulen sind stolz auf eine gewisse Tradition der Autoreneinladung und begrüßen ihren »neuen« Autor mit der langen Aufzählung, wer vor ihm bereits zu Gast war und die Schule in seinen Bann zu ziehen vermochte. Die Erwartungshaltung ist an diesen Schulen groß. Gering ist sie hingegen an anderen. (Beide Typen von Schulen zahlen schlecht.) Da, wo man auf keine Erwartungen trifft, ist man einer oder eine von denen, die gerade recht kommen, um eine Deutschstunde zu füllen, eine Physikstunde zu verrechnen, den Schülern eine Lebendstudie in Sachen »so ein Autor, Künstler, keine Ahnung« zu sein. Ärgerlich ist die unbedachte Einführung. Was als noch harmlos und erträglich bei einem Schüler mit Ahnungslosigkeit bezüglich des Umgangs mit den Dingen der Welt abgetan werden kann, ist oft schmerzlich fehlerbehaftet und informell bei den Lehrerinnen und Lehrern, die zum Teil übernehmen für einen Kollegen, der sich den Besuch des Autors hat einfallen lassen und der »heute aber leider verhindert ist«. So steht der Autor schutzlos neben seinem unfreiwillig Einführenden, der sich schmerzhafter Generalismen bedient (»Ich weiß jetzt leider auch nicht, was Autor XY so schreibt, aber nett, dass er gekommen ist« oder »Seid ruhig, jetzt erzählt euch der Autor XY eine Geschichte. Das machen Sie doch, oder, Herr XY?!«) und dann noch bei selbst verschuldeter Unmündigkeit auf die verhasste Wikipedia-Seite im Internet hinweist, die »so einiges« verraten würde über den mysteriösen Gast, wie man »gerade noch im Lehrerzimmer aufgeschnappt hätte«. Oft werden die dümmsten Details bemüht, um den Autor nur ja wie Sterntaler aller Hemden, aller Talente, aller Würde beraubt stehen zu lassen. Auf dass er dann »am besten sich selbst« vorstelle und das einer Meute, die nun – bildlich ins Märchenhafte gesprochen – ein nacktes Wesen auf offenem Feld vor sich hat.

Da muss der Autor nun geistesgegenwärtig und mit kräftigem, geistigem Brustschwimmzug sich die Bahn erschließen, das Unterhemd weit ziehen, um eventuell fallende Sterne einsammeln zu können. Sterne sind in diesem Falle Blitzgedanken, die es ihm ermöglichen, sich verbal zu rehabilitieren, bevor er mit seiner Lesung beginnen kann. Der Autor beginnt sein Werk, indem er sich höflich bedankt für auch noch so haarsträubende Einführungen, weil es der Form gebührt und er sich denkt, er – wenn es schon nicht die anderen tun – wolle sie doch wenigstens einhalten, die gute Form. Nach diesem Dank setzt er an, entweder ein paar Dinge geradezurücken oder gleich in die eigene Welt zu führen, was bisweilen abrupt ist, wenig zärtlich, aber eben auch professionell. Das wird interessanterweise selten erwartet – der professionelle Autor. Einer, der wenig stottert, ganze Sätze bildet, sich selbst vermittelt in Tat und Wort und der sich nicht um alles windet, sondern Übung hat, auch darin, Kevin in der letzten Reihe mit kaltem Auge, aber lachendem Mund eine Ritalinempfehlung auszusprechen.

Während vieler Schullesungen werden Autoren aufgenommen, fotografiert, videografiert. Seltenst gehen dem Autor selbst diese Aufzeichnungen zu. Wenn er so etwas wie Glück hat, dann erhält er viele Monde, nachdem er an einer Schule zu Gast war, einen Jahresbericht, in dem er eines der misslungenen Bilder von sich ansehen darf mit einem Text vom Klassenbesten, der ihm »eine eigene Sprache und Fähigkeit« bescheinigt. Und das für – in der Regel – 250 Euro zuzüglich Fahrtkosten. Aber nein, wie konnte ich's vergessen. Vor der Auszahlung des Geldes steht ja die gesamte Lesungsdauer, das mehr als sprachlose Gespräch danach, die ausfallenden Fragen, die nicht vorbereiteten Kommentare, die eine solche Überfallslesung im Stundenplan natürlich zwangsläufig begleiten. Hie und da die reizende Frage nach dem »Überleben als Autor«, der »finanziellen Situation«, dem »Wann und Wie« der Textentstehung und die seltsame Verabschiedung, die von Blumengebinde über Weinflasche in Händen bis zu leeren Händen führen kann, im ärgsten Fall allerdings zur Übergabe einer »eigenen Textsammlung«, da der Aushilfslehrer auch schreibe. Bei einem Schnitt von 20 Schullesungen im Jahr, ausgehend von einer 15 Jahre andauernden Karriere, können einen 300 solcher Veranstaltungen seltsamerweise nicht abhärten, was wohl mit dem unabänderlichen Gefallenswunsch des Autors zu tun hat. Zutraulich, ja vertrauend bewegt er sich in der sich immer wieder erneuernden Hoffnung auf die Schulgebäude seiner Schmach zu. So ist es oft.

Die Schullesungen, die mir Ehre und Freude waren, bei denen ich Schülerinnen und Schülern begegnen durfte, die ein ehrliches Interesse an meiner Arbeit hatten, deren Lehrerinnen und Lehrer mich freudig begrüßten und denen ich nicht maßlos lästig in den Schulalltag einbrach, sind prozentual im einstelligen Bereich zu finden. Das macht mich hoffentlich nicht bitter, aber es macht mich zunehmend wacher und hat u. a. dafür gesorgt, dass ich auf meine eigene Homepage einen Einführungstext gestellt habe, der es den Veranstaltern erleichtern soll, mich ihren Schülern und damit Veranstaltungsgästen vorzustellen. Ich erwarte also nicht Unmögliches und falle hierin nicht meiner eigenen Eitelkeit zum Opfer, ich leiste Hilfestellung und begreife diese als präventive Schadensbegrenzung. Oft genug verlasse ich Schulhäuser mit einem Gefühl von Wundheit. Die Stimme manchmal in Mitleidenschaft gezogen, die Gedanken ausgeleert vor einem Publikum, das diese eigentlich nicht wollte, und das Gefühl, mich verausgabt zu haben in meinem Versuch, mich mitteilen zu wollen, den Text zu ehren und mich seiner nicht ganz unwürdig zu erweisen. Wehklagt der Autor hier. Nicht aber, weil er sich unverstanden fühlt, sondern weil er einer Kette von Achtlosigkeiten ausgesetzt war, die er für symptomatisch für die Gesellschaft, das Leben in ihr, seine Rolle in der Welt ansieht: der Autor, das Kamel.

Es gibt Schulen, die ich seit Jahren regelmäßig besuche und schätze. Dort weiß ich um die Freude der Vorbereitung auf meinen Besuch und die Idee einer »Nachsorge«, nachdem ich mich dem Publikum präsentieren durfte.

Ich denke darüber nach, eine Art Fibel herauszugeben: »Vom rechten Umgang mit Autoren« sollte sie vielleicht heißen. Und sie soll Veranstalter beraten, die sich nicht einfühlen können (oder mögen) in die gefährliche Exponiertheit der Autoren, die sich per se wie Kaspar Hauser fühlen, die ans Licht treten, immer und immer wieder mit ihrer gefundenen Sprache, ihren gewundenen Gedanken, in der Hoffnung auf Lob und Annahme, ja mindestens Interesse für die Funde und Wunden. Natürlich ist das alles Inszenierung – aber da liegt das Problem: der Verlust derselben bzw. ein mangelndes Verständnis für sie und ihre Legitimität. Die Schulen sind die ersten Orte, an denen es zwar Rituale, aber wenig Magie gibt. Das Kommen eines Gastes sollte mit Vorfreude zelebriert werden.

Da sollte es frohe Gedanken geben, die dieses Kommen begleiten, und es sollte ein Wissen vermittelt werden um die Herkunft des Gastes. Der Autor wiederum darf sich nicht so eigen geben, wie er ist. Er ist in einer Schule nun mal ein Fremdkörper und muss Verständnis aufbringen für die Eile der Gedanken und Füße während eines Schulalltags und den Wunsch des Publikums nach Respekt, den es zweifellos verdient. Gerne stelle ich den Schülerinnen und Schülern Fragen, wenn sie keine formulieren. Ich frage nach ihrem Alter, den Hobbys, den Zielen, dem Verständnis für künstlerische Arbeit und finde in ihnen meist kluge Antwortgeber und verwandte Nachkommen. Oft erlaube ich mir den Hinweis, dass sie im besten Alter für Lyrik seien, die ich nun einmal zu meinem Feld gewählt hätte. Das erstaunt sie oft, aber ich bescheinige ihnen gerne – in all ihrem früh gepflegten Scheinkonservatismus – eine noch funktionierende Permeabilität für poetische Gedanken, die sie z. T. und wie zum Beweis in ihrer Playlist im iPod herumtragen. Für manchen Lehrer ist die Lyrik verloren, oder mancher Lehrer für die Lyrik. Aber beide brauchen einander eigentlich nicht, solange Autoren eingeladen werden, ja ihre Präsenz an Schulen geschätzt ist, ihre Lesungsstunden ernst und freudig in den Lehrplan aufgenommen werden, denn die Lyrik singt ja auch zu denen, die sie nicht hören wollen.

REDEN

Oh Jugend, du!

Rede zur Verleihung des Weilheimer Literaturpreises 2015

Liebe Schülerinnen und Schüler,
lieber Marcus Schiefer, sehr geehrte Damen und Herren,

ob Sie erfühlen können, was es bedeutet, in eine fremde Stadt fahren zu dürfen, dort angekündigt zu sein, beschenkt und davor auch noch sehr liebevoll und ganzumfänglich gelobt zu werden? Dabei ist es für mich ein Wiederkehren zu Ihnen. 2013 durfte ich schon einmal die Gastfreundschaft des Gymnasiums Weilheim genießen, zusammen mit dem Wortart Ensemble, von dessen Mitgliedern ich herzlichste Grüße ausrichten soll. – Es ist wunderbar, wieder hier sein zu dürfen. Ich danke Ihnen für die Einladung und die Ausrichtung dieses Festaktes.

Verehrte Dr. Leuschner, liebe Pia-Elisabeth, wie selig ich bin, dass du den Herrschaften erklärt hast, was ich versuche, ganz lapidar mit der Sprache zu machen. Ich danke dir, dass du deine geschliffene Sprache darauf verwendest, mich möglichst weitwinklig abzubilden. Als Dichterin, Frau, ja Signora – wie du mich nanntest – und Vermittlerin. Und es ist ja ganz unmodern, diese Trias offen darzulegen und eine schreibende Person auch als Mensch zu begreifen. Als Mensch, der sich sehr müht, weil es so seine Schwere hat mit den Worten, die nicht gleich in Zeilenreih und Zeichenglied stehen möchten, sondern schon durch den Klang ständig und schön sabotieren.

Die Arbeit der Schülerinnen und Schüler mit meinen Texten war für mich die große Unbekannte dieses Abends. Bitte, sehr geehrte Damen und Herren, applaudieren Sie noch einmal mit mir dieser immensen, lebhaften, klugen Leistung!

So gelesen, erkannt und gelobt zu werden, das ist … und hier fehlen der Dichterin auf einmal die Worte. Das ist wie so oft und so vieles im Leben größer als man selbst.

Weil ich sehr wohl weiß, dass jeder Preis, ja jede Begegnung einmalig und kostbar ist, nicht wiedergewonnen, nicht nachgelebt werden kann, will ich diesen Abend trotz meiner Nervosität sehr genießen, meine Freude Ihnen widmen und meinen Dank ausformulieren. Dabei wäre es mein Albtraum, Sie zu amüsieren. Ich führe Ihnen aus, weshalb:

Ich bin doch nicht hier, um Sie zu amüsieren.
Wenn Sie sich amüsiert fühlen, habe ich etwas falsch gemacht.
Tut mir leid.
Fühlen Sie sich amüsiert?
Dann gehen Sie jetzt.
Gehen Sie schnell.
Hinaus, an die Luft. Atmen Sie ein paarmal tief und beruhigen Sie sich.
Dringend. Wenn Sie jetzt nicht gehen, wo Sie doch aber amüsiert sind,
dann rechne ich nicht mehr mit Ihnen.
Verstandesmäßig. Rein verstandesmäßig.
Ihre Sprache wird sich überschlagen.

Sie werden schmunzeln, dann lachen. So kenne ich es.
Das Amüsiertsein. Und es wird Sie umbringen. Sie
und irgendwann mich,
denn an einem der nächsten Tage werden Sie von mir
erwarten,
Sie beständig und immer wieder aufs Neue zu
amüsieren und
natürlich werde ich scheitern.
Denn niemand kann einen anderen
in so einem gründlichen Umfang amüsieren.
Nie wird es gelingen.
Die grobe Folge dieser Erkenntnis:
Sie werden sich von mir abwenden.
Und diese Bewegung wird mein Herz brechen.
Darum, bitte: Seien Sie nicht amüsiert.
Vom Amüsiertsein kommt nichts Gutes.
Es bringt mich um.

Für die Dichter, gerade die laut sprechenden, die Deklamatoren unter den Textbrütern, Worthütern, ist es eine Furcht, nur gemocht zu werden, wenn man amüsiert. Wie leicht kann ich sein, um weiter als Lachgasballon zu steigen, denkt da jedes Gedicht.

In den jungen Leserinnen und Lesern, den Mitgliedern der Jury – namentlich Carola Brandmeir, Carolin Daiber, Jessica Dorsch, Rosa Drexler, Samuel Effler, Selma Jacob, Johannes Loy, Maria Mayr, Katharina Meichelböck, Patrick Tamunjoh und Albert Zach –, habe ich erstaunliches Verständnis für meine Arbeit gefunden. Für die verschiedenen Töne in ihr, meine Seiten, meine Stimmung, meinen Anschlag. Das Gymnasium Weilheim leistet sich etwas ganz Unglaubliches mit seiner regen Lehrerschaft, die sich hingebungsvoll um das literarische Erbe Deutschlands und seine Vermittlung an junge Menschen, ja zukünftige Leser, Menschen mit einem Gespür für den gesellschaftlichen Auftrag kümmert. So etwas ist in ganz Deutschland einzigartig.

Diesen Weilheimer Literaturpreis zu erhalten, noch dazu in der prall gefüllten Stadthalle, auch vor meinen angereisten Eltern, das ist so große Ehre und Einschüchterung gleichermaßen, dass ich mich einer alten Technik bedienen muss, um durch die nächsten Seiten – ja, Seiten! – meiner Rede zu dringen. Ich stelle Sie mir alle nackt vor. Außer die anwesenden Menschen unter 20 Jahren, die Vertreter des Klerus, den Herrn Bürgermeister und meine Eltern. Ich tue dies mit Erfolg, und es freut mich, Ihnen sagen zu können: Sie sehen alle – ob un- oder bekleidet – sehr gut aus.

Es wird von Ihnen traditionsgemäß eine »Rede an die Jugend« vom Preisträger gewünscht, und es ist recht und preisgeld-billig, dass ich Ihnen und Ihren geladenen Gästen in einer Rede mitteile, was ich als Gegenstände der Vermittlung an die jüngere Generation für sinnvoll erachte. Speziell an die Jugend wende ich mich also – und wie gerne komme ich dem Wunsch nach, obwohl ich doch meine, stets an die Jugend gerichtet zu sprechen. Wenn nicht direkt adressiert an ein Publikum aus noch jugendlichen Menschen, so doch ausgerichtet und herangetragen an all die jungen Menschen, die in uns älteren leben, da sind, ja selbst im hohen Alter noch anteilig vorhanden oder gänzlich und alleinig zurückgekehrt sind. Wir Menschen, wir sind Spukschlösser für allerlei Geister. Wir bieten darin Behausung den Träumen wie den Albträumen.

Oh Jugend.
Du bist grausam.
Ich erinnere mich daran, ein einsamer junger Mensch gewesen zu sein. Eine junge Frau mit einer besten Freundin, einer Verliebtheit für den Nachbarsjungen, eine langsam reifende, eine melancholische und immer schon ein Doppelleben führende Seele. Hunde gab es viele in unserem Familiendorfleben, ihre Biographien sind untrennbar mit den unseren verbunden,

Brüder gab es auch viele, aber weit weg, Meerschweinchen gab es in überschaubarer Zahl. Ihre kleinen Leichen liegen alle im Garten von Wurlitz 22. Wie einst in der Arche waren es immer zwei, die sich im Käfig still das Futter neideten.

Wie kann ein Kind, das so viel hatte, einsam sein? Das ist einfach.

Wenn ich höre, dass Menschen sagen, sie fänden es erstaunlich, was jungen Leuten manchmal einfällt, welche Fantasiebegabung in ihnen liegt und nur geweckt werden muss, dann werde ich hart und ärgerlich, weil ich denke: Seht ihr das wirklich nicht? Als Jugendlicher ist man aus Fantasie gemacht! So wie Drachen aus Wunschdenken sind und Stroh der Müllerstochter bei Rumpelstilzchen irgendwann tatsächlich Gold ist. Die Fantasie ist der Stoff, von dem man faltenweise umwickelt wird, der einem nicht ausgeht, der sich nur irgendwann in Pragmatismus wandelt, in Spekulation. Aber vorher? Vorher ist Wunderland.

Und dabei ist die Umgebung feindlich. Wer einmal »Die unendliche Geschichte« von Michael Ende gelesen hat, der weiß das. Der weiß, dass Phantásien vom Nichts bedroht wird, so wie der junge Leser Bastian Balthasar Bux von der Trauer um den Tod seiner Eltern. Den Jugendlichen geht es wie den Faltern, die zwar geschlüpft, denen die Flügel aber noch nicht getrocknet sind. Niemals ist man durchlässiger, inspirierter, entdeckerischer als im jugendlichen Alter, ist mental so biegsam, belastbar wie auch spaltbar. Kein Wunder, dass mancher sich abgrenzt, sich selbst zum Narren bei Hofe erklärt, zum Opfer wird, wenn es um Verführung geht, die vom Weg weglockt, tief hinein in die Wälder, wo Wölfe das kleinste Risiko sind.

In Schülerinnen und Schülern Ihres Alters und ja, gerne können sich die Hundertjährigen im Raum an diesen Gedanken anschließen, schlummert alles Potenzial, das die Welt braucht, um weitermachen zu können. Kein Wunder, dass in Ihrer Altersgruppe Dichterinnen und Dichter, Musikerinnen und Musiker, Wissenschaftlerinnen und Wissenschaftler, Theologinnen und Theologen, Philosophinnen und Philosophen, Technikerinnen und Techniker langsam die Köpfe recken. Mit 16 wusste ich, dass ich lieber schreiben und auftreten wollte als an Frau Klenskes Klavierspielabend teilzunehmen. Was habe ich gebettelt, einfach, statt ein Stück zu spielen, ein Gedicht aufsagen zu dürfen. Eines von Heinrich Heine.

Guter Rat

Laß dein Grämen und dein Schämen!
Werbe keck und fordre laut,
Und man wird sich dir bequemen,
Und du führest heim die Braut.

Wirf dein Gold den Musikanten,
Denn die Fiedel macht das Fest;
Küsse deine Schwiegertanten,
Denkst du gleich: Hol euch die Pest!

Rede gut von einem Fürsten,
Und nicht schlecht von einer Frau;
Knickre nicht mit deinen Würsten,
Wenn du schlachtest eine Sau.

Ist die Kirche dir verhaßt, Tor,
Desto öfter geh hinein;
Zieh den Hut ab vor dem Pastor,
Schick ihm auch ein Fläschchen Wein.

Fühlst du irgendwo ein Jücken,
Kratze dich als Ehrenmann;
Wenn dich deine Schuhe drücken,
Nun, so zieh Pantoffeln an.

Hat versalzen dir die Suppe
Deine Frau, bezähm die Wut,
Sag ihr lächelnd: Süße Puppe,
Alles was du kochst ist gut.

Trägt nach einem Schal Verlangen
Deine Frau, so kauf ihr zwei;
Kauf ihr Spitzen, goldne Spangen
Und Juwelen noch dabei.

Wirst du diesen Rat erproben,
Dann, mein Freund!, genießest du
Einst das Himmelreich dort oben,
Und du hast auf Erden Ruh.

Meiner Klavierlehrerin erschien mein Betteln nicht als völlige Idiotie, im Gegenteil: Sie hat sich meine ersten Gedichte, »Musik«, »Liebe« etc. – wie die ersten Gedichte eben so betitelt sind –, willfährig angehört und mir sehr geholfen mit ihrem Zuspruch. Spielen musste ich aber trotzdem. Das Publikum und ich waren dadurch nicht zu amüsieren. Meine erste Leserin also, das war eine Zuhörerin, denn ich las ihr meine Texte vor und freute mich, weil sie bereit war, zuzuhören. So konnte ich Mut fassen und auch meinen Eltern mit der Zeit »gestehen«, dass ich mein Heil im Schreiben suchen wolle. Da gab es kein Ja oder Nein, es gab ein: Wohlan!

Heute sage ich oft und im Scherz, dass ich das, was ich tue, wohl vor allem deshalb tue, weil niemand je gesagt hat: Tu's nicht. Ich bin eine verlegte, geförderte Autorin, ja, gepriesen und beschenkt, ständig in Arbeit und in all ihren Prozessen begriffen – und ich merke erst seit ein paar Jahren, dass so ein Wesen eine Seltenheit ist.

Jan Wagner hat gerade den Preis der Leipziger Buchmesse erhalten. Als Lyriker! Das ist so außergewöhnlich wie völlig richtig. *Sie* zeichnen mich aus und liegen damit im Trend, den die Feuilletons der Lyrik neuerdings zusprechen. Ich schreibe allerhöchstens experimentelle Prosa neben den Reden und Essays und bin ansonsten ganz und gar der Lyrik verhaftet, halte sie für die stärkste, fähigste, konzentrierteste Form von Literatur und bin erstaunt, wie lange sie trägt, denn sie ist auch die älteste. Sich als Autorin einer bestimmten Gattung in einer Reihe mit Sappho, Heine, Lasker-Schüler, Parker, Kaléko, Meerbaum-Eisinger, Celan, Gomringer, Aichinger zu sehen – und mit *ihr* überschneiden sich die Linien, denn Sie war Ihre erste Weilheimer Preisträgerin 1988 – das ist vielbeschworenes, jugendsprachlich ausgedrücktes: GROSSES KINO.

Ilse Aichinger hat ihren Texten hie und da Zitate Eugen Gomringers vorangestellt. Hier wird sich vielleicht ein Betrachtungskreis schließen oder dem geneigten Leser öffnen. Dass Eugen Gomringer, der Dichter und Erfinder von Dichtung, heute Abend hier ist, das ehrt mich. Begleitet wird mein Vater von meiner Mutter. Sie ist für alles Wesentliche bei uns zuständig. Ich hab es einmal in eine Alliteration gefasst: Kommasetzung, Korrekturen, Kochen und Kritik. All das und mehr ist ihr Metier.

Sie ist die Lektorin meiner bisher sieben Lyrikbände, ja die Herausgeberin des allerersten. Sie hat geglaubt und unterstützt, nachdem einer, der mich mit 20 zum ersten Mal gelesen hatte, mich zunächst versetzte und dann doch meinte, dass das etwas habe. Der Verleger, Autor und Buchhändler Rudi Sopper war neben Frau Klenske am Klavier die erste nicht blutsverwandte Person, die ein Urteil über mein Schreiben sprach, das mich weiter ermunterte. Diese Tage sind schwer, denn Rudi Sopper ist vor zwei Wochen viel zu früh verstorben, genauso wie mein Freund, der Autor und Übersetzer Viktor Ivaniv, der das Leben nicht mehr ertragen und sich selbst gerichtet hat. Beiden Kollegen, die nun nicht mehr sind, verdanke ich an sehr unterschiedlichen Stationen meiner bisherigen Laufbahn sehr viel. Ohne sie kein Fortkommen, kein Weitermachen.

Oh Jugend.
Nein, ich habe dich nicht vergessen. Ich will ja zu dir sprechen, aber wer bist du eigentlich? Seit 15 Jahren bin ich aus der Schule, schreibe, trete auf, auch um den Lebensunterhalt zu verdienen. Oft zieht es mich an Schulen und ich lese dort, unterhalte mich mit Schülerinnen und Schülern über ihre Pläne. Aus dieser Feldforschung stammen meine jüngst formulierten Verdachtsmomente, zum Beispiel, Sie seien besonders permeabel, aus Fantasie gewebt, kostbare Wesen.

Liebe junge Menschen – und ich meine jetzt doch ganz dezidiert die, welche bisher weniger als 20 Jahre auf diesem Erdenrund verbracht haben. Sie liegen mir sehr am Herzen.

Ich kann mich gut erinnern, wie ich 13-jährig einen Autor las, der mich so nachhaltig beeindruckt hat, dass ich ihm ein Gedicht in meinem gerade erschienenen Band »Morbus« gewidmet habe.

Mit 13 las ich:
»sich richtig in dingen weitläufig ausufernd verlieren kann ich auch aber eine rückkehr in die alltagswelt scheint dann wieder unheimlich erdrückend ich brauche lange bis ich mich so zurechtfinde dass ich optimal funktioniere aus wichtigen gründen kann ich verschiedene sachen noch nicht so ausdrücken wie es nötiger wäre um die hauptursachen für autismus ausfindig zu machen ich will jetzt aufhören weil wir absolut im außenbezirk von lausigem autismus tummeln aber im zentrum ist es alles so finster keiner kann es sich vorstellen – 27.3.92«

Ich las das und verstand es sogleich. Ein junger Mensch, der autistische Autor Birger Sellin aus Berlin, müht sich, der Welt zu erklären, was seine conditio humana ist. Mit 13 Jahren tut der Mensch nichts anderes und fährt so eine ganze Weile fort.

Ohne das nötige Vokabular oder Instrumentarium macht er sich auf, Auskunft zu geben über sich in der Welt, gegen die Welt. Ich kenne mich nicht gut aus mit Rebellion, bei mir lief diese Wortfindung, Zeichensetzung lange Jahre im Stillen ab. Vielleicht ist lediglich die Art, wie ich schreibe, rebellisch, wenn man es in Bezug setzt zu den klaren, konzentrierten Texten des Vaters. Ich bin viel barocker, ausholender im dichterischen Gestus. Ich bin dazu recht laut.

Und siehe da: Es ist in Ordnung.
Vor allem den jungen Frauen unter Ihnen möchte ich sagen: Laut sein ist in Ordnung. Sie dürfen, nein, Sie müssen Ihre Stimme finden, in ihr ein Für und Wider zu den Dingen, und ich fordere Sie heraus, für andere zu sprechen, wenn die nicht mehr oder überhaupt nicht gehört werden. Persönlich lege ich mein Vertrauen in Sie, die ominöse Jugend, die mir so seltsam gleich oft erscheint, so uniformiert derzeit in tight Jeans, in Parkas, Sneakers. Dabei weiß ich, dass Sie sich alle in äußerstem Individualismus üben. Die kleinste Abweichung vom Dresscode, der Sprache, den Riten wird bemerkt, kommentiert, auch bestraft.

Ich war – ich erwähnte es bereits – im Rückblick ein isolierter Teenager. Mir hat das köstliche Freiheiten geboten. Ein beobachtetes Unbeobachtet-Sein. Ich lief »unter dem Radar« vieler Mitschüler, konnte Theater spielen, mich ausprobieren als Rezitatorin, als Leserin und Filmfan, ich war frei von der Bindung an Marken, was aber nicht heißt, dass ich ihnen nicht hie und da verfallen wäre.

In der Zeit größter Abgeschiedenheit vom Feld der Altersgenossen waren es die Klassiker »Alice im Wunderland« von Lewis Carroll und natürlich »Walden« von Henry David Thoreau, die mich ansprachen. Das eine ein verführerisches Buch über ein Mädchen, das in einer Fantasiewelt lebt, und das andere ein Buch über ein Selbstexperiment in der Wildnis, eine Studie zu den Fragen: Was brauche ich, mit wie wenig komme ich aus und fühle mich nicht doch um etwas betrogen? Auf diesem Pfad weiter suchend las ich »Siddhartha« von Hermann Hesse, einen Text, den ich heute bei meiner Arbeit mit Gefängnisinsassen im Gespräch über das Schreiben im Allgemeinen und die Bedeutung des biographischen Schreibens im Speziellen immer wieder nenne. Die Genügsamkeit, die in diesem Text dargestellt wird, die Ruhe, die er ausstrahlt, sind vollkommen zeitlos, ja überzeitlich.

Ansonsten habe ich in den Jugendjahren Musicaltexte für mich gelernt, von einer Karriere als Sängerin geträumt, habe Heinrich Heine und zahlreiche Dichter für mich entdeckt, lange Balladen auswendig gelernt. Ich war wohl etwas nerdy. Das einzig Coole an mir war, dass ich Horrorfilme liebte und mir alles ansah, was für meine Altersstufe nicht geeignet war. Je ungeeigneter, desto besser. So hatte ich ganz im Stillen einen großen Bilder- und Zitateschatz zusammengetragen, die tiefe, eingehende Beschäftigung mit dem Holocaust kam dazu. Die verbrannten Dichter, die Fragen, das kopfzermarternde Warum und das langsame, aber stetige Realisieren setzte ein, war dann da, ist geblieben.

Von meinen Eltern habe ich gelernt, was es heißt, »modern« zu sein. Als ich ein Teenager war, hatte ich natürlich das Monopol auf den Begriff Modernität, wie ich meinte. Jetzt mit 35 ist mir vollkommen klar, wie reaktionär und konservativ mein Welt- und Gedankenkonstrukt ist im Vergleich zu dem meiner Eltern.

Liebe Jugend! Du merkst, ich spreche zwar zu dir, aber auch zu den Menschen, die dich hegen und pflegen. Zu den Eltern, den Geschwistern, den Lehrern, den Beschützern und Unterstützern. An denen und deren mentaler Stärke, an deren Weitblick und vor allem Einfühlungsvermögen liegt es, ob du zu großzügigen, weltoffenen Menschen werden kannst. Mit Zutrauen zu dir und der Welt. Wenn diese Anlagen jetzt nicht gelingen, dann wird es schwierig in der Zukunft, wenn auch machbar. Ich habe viel darüber nachgedacht, dass ein Leben auch komplett als Gegenreaktion zu allem Erfahrenen gelebt werden kann. Aber es ist dies anstrengend, bis es zur Natur wird.

Liebe Jugend! Es gibt einen auf Beat gesprochenen Text vom Filmemacher Baz Luhrmann. Der hat neben zahlreichen anderen Projekten »Romeo + Juliet« mit Claire Danes und Leonardo DiCaprio gedreht. Vor ein paar Jahren hat er eine Rede an die Jugend bei der Verabschiedung vom College halten sollen: Er hat mit einer ganz einfachen Ermahnung begonnen, wiederholte sie aber im Text mehrfach: Wear Sunscreen. Cremt euch mit Sonnencreme ein. So einfach der Satz, so vergeblich oft der Appell in ihm. Wir vermeinen, eine ausreichende Schutzschicht für die Welt und die Sonne in ihr zu haben. Aber was, wenn so eine Schutzschicht aus Gedichten bestünde? Aus Liedern, die uns berührt, aus Bildern, die wir mit unseren Handys geschossen haben und die uns daran erinnern, dass wir alle mal jung gewesen sein werden. Wenn sie aus Zartheit wäre, aus allem Berührenden – auch dann sollte man sie unbedingt tragen. Sich jeden Tag mit ihr eincremen, damit man die Tage übersteht, sich keine Anomalie einstellen kann, man einen Schutz fühlt. Luhrmann sagt sehr viele, sehr kluge Dinge in seiner Rede, die ich Ihnen allen ans Herz lege. Der Text heißt »Everybody's free to wear sunscreen« und wurde 1999 zum ersten Mal veröffentlicht.

Liebe Jugend! Ältere Menschen tendieren dazu, ungeduldig mit dir umzugehen. Natürlich spricht da auch ein gewisser Abschiedsschmerz die leisen Töne mit. Die Welt müssen die vor dir Geborenen eher verlassen, während du gerade angekommen bist. Das musst du verstehen. Die Menschen sind Gewohnheitstiere, und Leben, das ist auch Gewohnheit. Für dich freilich noch nicht. Du steckst so im Unbestimmten, suchst so intensiv nach deinem Weg, dass es so etwas wie Gewohnheit erst mal nicht mehr gibt. Da hilft dann Struktur … montags Ballett, dienstags den Geigenkasten mitnehmen, Orchesterprobe und so weiter. »Denn das Gesetz nur kann uns Freiheit geben« – Goethe hat auf einmal recht. Und es verwundert sehr, dass nach Jahren der Ablehnung in diesem Klassiker endlich ein Mensch, ja ein Vertrauter zu entdecken ist. Goethe, Schiller, ihr auch?, haucht man gegen die Scheiben der Auslagen im Literaturarchiv in Marbach. Und wie in dem Film »Dead Poets Society – Der Club der Toten Dichter« raunt es zurück: Na klar, Carpe Diem!

Liebe Jugend! Ich sage nicht: Lest mehr! Sage nicht: Lernt mehr! Auch nicht: Beeilt euch! Ich sage: Seid! Und bedenkt, dass alles, was ihr tut und unterlasst, Konsequenzen hat. Und dass euch Zutrauen, Selbstbeobachtung und Demut von daher am weitesten bringen. Seid nicht schüchtern, nehmt euch vom Kuchen, aber fragt immer den zuerst, der ihn gebacken hat. Seid also höflich! Die klassische Art. Seid gut zu euch und zueinander! Werdet nicht zu hart, wenn ihr enttäuscht seid. Bleibt biegsam in Körper und Geist! Das nämlich ist immerwährende Modernität, Zeitlosigkeit. Geht verantwortungsvoll mit den Medien um, die euch verbreiten und in denen ihr euch Profile anlegt. Ihr seid und seid diese Person nicht, die ihr dort zeigt. Dieser Dualismus ist auch ein philosophisches Problem. Seid euch bewusst, dass das Netz nichts vergisst, ihr für immer darin eingewoben seid. Eure Daten, das seid ihr. Geht mit ihnen äußerst eigen um. Verteilt sie nicht an Menschen, die eure Gunst nicht verdienen.

Lächelt! Ihr werdet merken, wenn das äußere Lächeln eine innere Entsprechung hat, dann klingt ihr anders, geht ihr anders, könnt den Kopf aufrechter tragen, seid anziehender für die, die ihr beeindrucken und erreichen möchtet. Eine gute Freundin von mir starb in ihrem 25. Jahr. Ihr transplantiertes Herz hörte auf zu schlagen, der Abschied war schrecklich. Verblüffend ist, dass heute, acht Jahre nach Annas Tod, ein Lächeln über die Züge aller spielt, die auf sie angesprochen werden. Anna ist für mein Lächeln und meine Veränderungsbewältigung zuständig. Bevor ich auf eine Bühne gehe, sende ich ein kurzes Stoßgebet an meinen Großvater Georg und an Anna, dass sie mir beistehen mögen, mir die Stellen mit ihrer Sonnencreme bedecken, die ich außer Acht gelassen habe.

Liebe Jugend! So viel möchte ich dir sagen, das Herz ist mir übervoll. Und wann bekommt man schon mal so eine Gelegenheit? Selbst als Autorin ist man da befangen.

Sie zeichnen eine fröhliche Dichterin aus! Die ihr Preisgeld viele Male in die Künste reinvestieren wird. Die Bilder von Malern, Bücher von Autoren, Kino- und Theaterkarten kauft. Die sich bei ihren Mitmenschen umsieht. Die den Sponsoren von Herzen dankt und ihnen ihre Begeisterung mitteilt ob dieser Großzügigkeit für die in der Regel stille, aber folgenreiche Literatur. Sie haben sich für Ihre Unterstützung ein Feld gewählt, das über Deutschland und bestimmte zeitliche, soziale, kulturelle Umstände und Befindlichkeiten weit hinausweist, und das ist gut.

Aber wie schon Absätze vorher ist eine Rede an die Jugend eigentlich eine Ermahnung an ihre Hüter. Für die (und natürlich für euch) möchte ich mit einem Text aus dem 17. Jahrhundert schließen. Er stammt aus der Feder einer anonymen Nonne, klingt, als wäre er gestern geschrieben worden und ist sehr lustig, weil da mit viel Selbsterkenntnis gebetet wird.

Es soll so ein Gebet nun nicht unser Beisammensein beschweren, im Gegenteil.

Bitte werten Sie es einfach als Extravaganz der Nora Gomringer, dass sie sich solcher Schlussworte aus einer anderen Feder bedient.

Für Sie alle nun, Sie Hüter der Jugend, Ihr inneres und äußeres Lächeln, Ihre Kraft und deren stete Erneuerung, hoffe ich, das erwähnte Gebet lesen zu dürfen. – Bitte halten Sie im Gedächtnis, dass es sich um einen Text aus dem 17. Jahrhundert handelt, und lassen Sie sich verblüffen, wie er im Jetzt steht:

Herr, du weißt es besser als ich selbst, dass ich älter werde und eines Tages alt bin. Bewahre mich vor der unheilvollen Angewohnheit, zu meinen, ich müsse zu allem etwas sagen und das bei jeder Gelegenheit. Befreie mich von dem Verlangen, jedermanns Angelegenheit in Ordnung bringen zu wollen. Mache mich bedachtsam und nicht schwermütig, hilfsbereit, jedoch nicht herrschsüchtig.

Angesichts meines unermesslichen Vorrates an Lebenserfahrung erscheint es bedauerlich, nicht alles zu nützen, aber du weißt, Herr, dass ich ein paar Freunde haben möchte am Ende. Bewahre mich davor, endlose Einzelheiten aufzuzählen; verleihe mir Flügel, zur Hauptsache zu kommen. Versiegle meine Lippen, was meine Schmerzen und Leiden anbelangt. Sie nehmen zu, und die Lust daran, sie aufzuzählen, wird wohltuender mit den Jahren. Um so viel Gnade zu bitten, dass ich an den Erzählungen über die Schmerzen anderer Gefallen finden könnte, wage ich nicht. Hilf mir jedoch, sie in Geduld zu ertragen.

Ich wage es nicht, ein besseres Gedächtnis zu erbitten, wohl aber zunehmende Bescheidenheit und abnehmende Selbstsicherheit, wenn meine Erinnerung mit den Erinnerungen anderer in Widerspruch zu stehen scheint. Führe mich zu der großartigen Erkenntnis, dass ich mich gelegentlich auch irren könnte.

Trage Sorge dafür, dass ich einigermaßen liebenswürdig bin; ich möchte keine Heilige sein – mit manchen von ihnen ist es so schwer zu leben –, aber eine sauertöpfische alte Person ist eines der hervorragenden Werke des Teufels. Schenke mir die Fähigkeit, Gutes zu entdecken an Orten, an denen ich es nicht erwarte, und Begabungen in Menschen, denen ich sie nicht zutraue. Und gib mir, oh Herr, die Gnade, es ihnen auch zu sagen. Amen.

Liebe Jugend unter 20 und liebe Jugend darüber, ich wünsche dir so vieles.

Aber heute zunächst: einen besonders guten Abend! – Vielen Dank.

Rede zum Neujahrsempfang 2014 der Brose Baskets Bamberg

Sehr geehrte Damen und Herren,

es ist mir, die ich selbst wohl so etwas wie eine Spielerfrau bin, eine große Ehre, Ihnen den Neujahrsgruß für 2014 zu sprechen! Ich tue es in Abwesenheit meines Mannes, der sich seinem ganz eigenen Ballvergnügen widmet, das mit einer schwarzen Scheibe, Schlägern und viel Eis unter den Kufen zu tun hat. Er lässt Sie jedoch herzlich grüßen, auch wenn Basketball für ihn natürlich kaum als Sport ernst genommen werden kann. Für einen Mann des Eises ist ein Hallensport auf einem Holzfußboden eine zu zarte Angelegenheit.

Natürlich scherze ich an dieser Stelle. Für eine Dichterin wie mich ist es nicht nur gewinnbringend, sich einmal mit einer anderen Sportart als dem Eishockey auseinanderzusetzen, weil es wärmer zugeht und man nicht in mehrere Schichten gehüllt auf einem Rang stehend zubringt, von dem aus man eigentlich nur vorgeben kann, die kleine schwarze Scheibe sehen zu können. Beim Eishockey, so will es mir scheinen, jubelt man, weil man sieht, dass mehrere bewehrte Männer auf eine Seite des Spielfeldes sprinten. Beim Basketball hat man tatsächlich die Chance, den Ball zu sehen.

In der Tat wird das einen Spieler wohl als erste Maxime gelehrt: den Ball im Auge behalten. Später ersetzt die ruhige, den Ball führende Hand das echte Auge. Beobachtet man Basketballer beim *handling* des Balls, so sieht man Hände, die über Jahre trainiert haben, durch Berührung »zu sehen«.

Ist es das, werte Damen und Herren, *team members*, *team players*, *supporters* und *fans*, was an diesen Ball, dieses Spiel fesselt?

Als Spracharbeiterin ist es für mich äußerst spannend, sich dem Vokabular einer neuen Sprache zu nähern. Eine ganze Welt ist das, wenn es um Sport und insbesondere um Basketball geht. Dichter besingen den schnellen Schritt der Athleten, ihre Wendigkeit, Agilität, ihre Kraft und Ausdauer. Ganze Sprachrevolutionen ereignen sich: Auf einmal sprechen die Franken gerne *English* oder eher *Franglish* … die Begeisterung für den Sport, Ihre großen Erfolge haben eine ganze Stadt in »Freak-Modus« versetzt. Da staunt die Sprachbegeisterte.

Die Kunst des Spielens wird ständig besprochen, bewertet, grundlegend verändert. Mit jedem Trainer kommt es zu Änderungen der Vorzeichen. Dabei ist es doch im Leben wie bei allem das *warm-up*, das beachtet sein will.

Dieses Aufwärmen hilft immer. Nicht nur akut, wenn's kalt ist, sondern langfristig, wenn es darum geht, ein Spiel zu spielen, am Ball zu bleiben, das Verletzungsrisiko zu minimieren. Glaubt man der einschlägigen Lektüre und dem Internet, dann hat jeder Trainer, jeder guter Trainer, ein eigenes *warm-up*, eine Routine von *drills*, die er den Spielern vor einem Training und vor einem Spiel abverlangt.

Ich komme nicht umhin, mit diesen Ideen metaphorisch umzugehen. Das eine will mir fürs andere stehen. Natürlich steht das Spiel, der Leistungskampf des Spielers als Sinnbild für das Leben. Der einzelne Spieler, das sind wir, unsere unzähligen Ichs, der *floor*, die Spielfläche, das ist das Lebensplanquadrat, und natürlich ist das *warm-up* die Sammlung guter Ratschläge, die wir im Leben empfangen.

Nicht nur die, die wir uns zwischen Kindheit und junger Erwachsenenzeit anhören, sondern auch die, die ein Leben lang fast mantrisch gesprochen werden, manchmal generalisiert und manchmal direkt für uns. Konzentriere dich!, Fokussiere dich!, Interessiere dich!, Organisiere dich!, Lebe umsichtig!, Gib dein Geld für das Richtige aus!, Teil's dir ein, bevor du's austeilst!, Treib Sport!, Raff dich auf!, Ernähr dich gesund!, Alles mit Maß!, Hast du auch ein Ziel?, Sag schön Danke!, Dosier dein Bitte!, Halt dich gerade!, Lies mal ein Buch! und Denk auch im Alter stets an die Eltern!

So ein Lebens-*warm-up* aus gut gemeinten und im besten Falle dann auch guten Ratschlägen, das kann helfen. Da werden Werte vermittelt und Normen bestimmt, die helfen, sich zu orientieren. Wie ich höre, sind genau dies fest verankerte Anliegen der Brose Baskets, Wege aufzeigen durch den Sport, Spielertalente entdecken, und zwar aktiv und frühzeitig, also im Beobachten, beim Training, beim direkten Fördern von Bewegung und bei der Freude daran. »Freiwurf« heißt das Jugendförderprogramm, es definiert sich aus dem Aufruf, keinen Jugendlichen der Region verloren zu geben und verloren gehen zu lassen. Chancen schenken – klingt einfach und catchy, ist aber eine erstaunliche Basisarbeit, die die Basis mit der Spitze verbindet. Ist harte Arbeit, weil sie Zeit nimmt und Mühe macht, viele Kräfte bindet – aber eben auch bündelt. Hier im Raum – so verstehe ich es – sind Sie zusammengekommen, weil genau Sie diese Arbeit verstehen, stützen, dem Team und seinen Betreuern und Visionären mit Ihrer Zustimmung Kraft geben, ja selbst Visionäre sind.

Diese Kraft, anderen die Dinge zu erleichtern, ja sie überhaupt erst in die Möglichkeit zu versetzen, sich den Dingen widmen zu können – diese Kraft ist Größe. Schon wieder sind wir im Allegorischen, wo das eine für das andere steht.

Da kann ich Ihnen gleich einen Herrn zeigen. Schließlich erwartet man von der Künstlerhaus-Direktorin, die, angestellt beim Freistaat Bayern, sich um die Geschicke der Villa Concordia und vor allem die jeweils zwölf Jahresgäste des Staatsministerium bemüht, auch einen Brückenschlag zur bildenden Kunst …

Sie kennen den Mythos von Atlas? Atlas war in der griechischen Mythologie ein Titan, der durch eine Reihe unglücklicher Umstände in die Verlegenheit kam, nämlich als Strafe, das Himmelsgewölbe am westlichsten Punkt der zu antiken Zeiten bekannten Welt zu stützen. Prometheus, der Lichtbringer und götterbetrügende Menschenfreund, war sein Bruder, der etwas langsamere Epimetheus, der mit der büchsetragenden Pandora vermählt wurde, ebenfalls.

Atlas also hat es schwer. Er trägt die Welt. Damals war die Welt noch eine Dame namens Gaia, aber auch schon die war kugelrund und wohl auch von gewichtiger Statur, jedenfalls war das Leben des Atlas keine Freude mehr, seit er begonnen hatte, die Last der Welt auf seine Schultern zu nehmen. Glaubt man den Legenden, trägt er uns heute noch genau da auf seinen Schultern, und es ist ihm zu danken, dass wir einigermaßen ruhig im All positioniert sind.

Von Atlas getragen, auf in ein neues Jahr!

Im alten haben wir Unglaubliches erleben dürfen.

Erlauben Sie mir einen Rückblick:

Große Ps wie neuer Papst, Pferdefleischskandal und Oberfranken-Jubilar Jean Paul tauchten früh im Jahr 2013 auf, auch ein Komet, der in Russland einschlug, Kroatien wurde 28. Land der Europäischen Union, ein Attentat beim Boston-Marathon erschütterte die Welt, einstürzende Gebäude in Bangladesch, in denen Näherinnen und Näher unsere Massenwaren herstellen, belehrten das soziale Gewissen so manchen Auftraggebers, Königin Beatrix der Niederlande hat der nächsten Generation die Hand gereicht und ist zur Seite gerückt, der Beobachter fröstelte am Bildschirm über die unbeteiligte Beate Zschäpe, Gustl Mollath kam frei und zum Glück hörten ihm die Leute auch zu, Istanbul geriet in Aufruhr, Ägypten folgte – fast 7000 Tote waren zu beklagen, Edward Snowden klärte auf, alarmierte, flüsterte und alle bekamen große Ohren – doch halt! Wir lernten, man hatte die schon seit jeher: Auch das Handy der Kanzlerin wurde abgehört und die eigentliche Freundschaft mit den USA steht auf einmal – *Yes we scan*, und *Was ihr scannt, das scannen wir schon lange* – infrage. Eine zweite Flut in einer Dekade suchte die Städte entlang der Donau und Elbe heim. Deggendorf und Passau dürfen wir zwar getrocknet, aber stark beschädigt 2014 nicht vergessen. Ein kleiner Thronfolger wurde dem Thronfolger des Thronfolgers in Großbritannien geboren, George soll er heißen. In Syrien eskalierte ein Konflikt, als es zu Giftgaseinsätzen kam – wir sehen die Bilder seither täglich: zwei Millionen Menschen sind auf der Flucht.

Im Sommer, der lange auf sich warten ließ, schwitzten wir in zwei Wochen allen Frust über diese wenigen Tage aus – so dass sich doch das Gefühl einstellte, wir hätten einen Sommer gehabt. Gewählt wurde und damit neu gewürfelt. In Bayern freute sich die CSU über eine absolute Mehrheit, fast zeitgleich wurde die seit zwei Jahren im Wasser liegende Costa Concordia endlich abgewrackt. Seltsam, wie die Dinge parallel in der Welt laufen. Der Limburger Bischof enttäuschte viele Gläubige, der neue Papst schützte die Flüchtlinge, die in Lampedusa anlegen, mit vielen und guten Worten. Leider konnte er den Tod von 390 Flüchtlingen, die eine Meile vor der Küste ertranken, nicht verhindern. Im November fegte, nein, spülte Haiyan, einer der verheerendsten Taifune in der Geschichte der Philippinen, eine ganze Insel fort. Man sagt Insel, meint aber Menschen, Tiere, Häuser, Straßen, Pflanzen – Leben. In München wurden 1 400 Bilder entdeckt, die bei einem Mann gehortet standen, für den sie Lebensbegleiter waren und sind. Bilder, die anderen Menschen Zeugnis von Raub, Unterdrückung und einem nie zu vergessenen Deutschland sind. Uli Hoeneß durfte weinen, die halbe Ukraine musste weinen, Deutschland wurde verstört mit einer großen Koalition. Die Pussy-Riot-Sängerinnen Tolokonnikowa and Aljochina kamen frei, eine Femen-Aktivistin tat ihrer Überzeugung bei der Christmette in Köln – mit Verlaub – keine Ehre. Wir müssen nun wunderbare Menschen des öffentlichen Lebens entbehren. Persönlich möchte ich die Nobelpreisträgerin Doris Lessing, den Literaturkritiker Marcel Reich-Ranicki sowie die Lyrikerin Sarah Kirsch nennen. – Jeder von uns hat andere Menschen, ob berühmt oder ganz nah an unserem Leben, an die er denkt.

Erich Kästner hat es bravourös zusammengefasst:

> *»Wird's besser? Wird's schlimmer?«*
> *fragt man alljährlich.*
> *Seien wir ehrlich:*
> *Leben ist immer*
> *lebensgefährlich.*

Die kostbare Lebensgefährlichkeit und der implizierte Auftrag, der mit ihr kommt, der lautet: ganz viel Leben! Und das kann ein wichtiger Auftrag sein. Die Brose Baskets leben von der Vitalität des Spiels und – so will es mir scheinen – zu gleichen Teilen von der Vitalität ihrer Fans. In der Villa Concordia selbst arbeitet einer der wohl größten Fans des Teams, der geschätzte Haustechniker, dessen Stimmungen Sie durchaus in Anklängen mitbestimmen können. Gestrahlt hat er mit Ihnen beim grandiosen vierten Meistertitel und beim Erreichen der Zwischenrunde der Union des Liges Européennes de Basketball, kurz ULEB Euroleague. Wir haben uns, seit ich in der Villa arbeiten darf, oft darüber unterhalten, was das Team ihm bedeutet, und darüber, wie er *ups* und *downs* mitträgt.

Sie sehen, ich habe – auch wenn ich in Selb bei den Selber Wölfen friere – meine Augen und Ohren irgendwie bei Ihnen.

Es geht hier wie da um eine runde Sache. Atlas trägt die Erde und damit die Geschicke der Welt. Wir wähnen sie in Gottes Händen oder sehen sie als kosmischen Körper, einen von unendlich vielen, der auf einer elliptischen Bahn um die Sonne kreist, festgehalten von physikalischen Kräften, die man mitunter lieber einem wohlmeinenden Gott anvertraut wissen möchte als dem axiomatischen Zufall oder dem noch flüchtigeren Glück, nicht wahr?

2014 hat vor wenigen Tagen begonnen, und wir alle knüpfen Hoffnungen, Erwartungen und Ideen an so ein neues Jahr, das wie eine Schote aufplatzt mit 365 Erbsen, mit denen wir etwas Neues säen könnten. Für das Säen, das Ernten, das Tage-Ausfüllen im neuen Jahr, da tun gute Ratschläge not.

Sie erinnern sich? Am Anfang meiner Ausführungen hatte ich Ihnen ans Herz gelegt, was hier im Haus längst mehrmals wöchentlich Praxis ist: das *warm-up*. Die Fachterminologie des *warm-ups* gefällt so einer wie mir sehr gut: *pre-warm-up*, *warm-up*, *speed/plyometric/agility*, *core*, *conditioning*, *strength training* und *static stretching* – Coach Fleming und sein Stab müssen mich unbedingt korrigieren, wenn ich danebenliegen sollte.

Sie wissen vielleicht, dass ich in Bamberg eine kleine Vergangenheit im Bereich des Spoken Word habe. Mit der Gründung des Bamberger Poetry Slams vor über zehn Jahren ist die Stadt auch international auf diese Weltkarte gelangt. Die Leute der Szene in Chicago wissen, dass es einen Poetry Slam im Morph Club gibt. Dafür haben meine Kollegen und ich gesorgt, als wir den Begründer der Poetry-Slam-Bewegung Marc Kelly Smith 2005 nach Bamberg eingeladen haben und ich meine erste USA-Tour in Sachen Spoken Word dort in der Green Mill Chicago beginnen konnte. Ganz dieser persönlichen Geschichte entsprechend, habe ich also Ausdrücke im englischen Fachvokabular des Basketballs gefunden, die mich gleich zu einer Textschöpfung anregen könnten:

High Knee Walk
High Knee Skip
High Knee Run
Butt Kicks
Straight Leg Walk
Backwards High Knee Skip
Backwards Run
Carioca
Defensive Slide
Quick Feet
Quick Shuffle
In In Out Out
Can-opener
Crossover In Front
Crossover Behind
Scissors
Hop Scotch
Ankle Pops

Butt Kicks
Step Slide
Glute Walk
Back Pedal
Frankenstein March

Knee Hug
Pointers
Quad Walk
Low Lunge
Over the Fence
Inchworm
Scorpion

Wichtiger noch, als daraus einen Text zu machen, wäre natürlich, diese Ausdrücke, allesamt Namen für gymnastische Übungen für ein *warm-up*, wörtlich zu nehmen und das ein oder andere vor dem Trainingslauf zu beherzigen. Ich weiß, ich weiß – ich fühle den guten Ratschlag hinter jedem Begriff.

Es strahlt der atlantische Gedanke so über uns, und es will mir scheinen, als ob es ausnahmsweise und weil gerade in diesem Rahmen von freundlichen Mienen begleitet, möglich wäre, mit der Kunst einen kleinen Scherz zu wagen:

Sehen Sie? So sehe ich das jetzt mit Ihren Augen. Und auf dieser Erdkugel wünsche ich mir genug Kraft und Inspiration für junge und professionelle Spieler, Weitsicht und Ausdauer für die *team leaders* und berufsmäßigen Inspirateure und auch für Sie als Fans und Begleiter durch schwer und noch schwerer, aber auch durch leicht und *slamming freaking great*.

Wird also 2014 auch ein Basketballjahr? Na klar, was denn sonst?

Ich danke Ihnen fürs Zuhören, ich wünsche Ihnen ein gesundes, verletzungsfreies, gut aufgewärmtes, gut beratenes, lebhaftes neues Jahr! Und es soll der Schlusssatz einem anderen, einem großen Vermissten des Jahres 2013 gehören, dem Staatsmann und Friedensnobelpreisträger Nelson Mandela, der 27 Jahre im Gefängnis mit den Zeilen aus dem Gedicht von William Ernest Henley im wahrsten Sinne überlebt hat:

»I am the master of my fate: I am the captain of my soul.«

»So bin ich doch der Meister meines Schicksals, so bin ich doch der Herr über meiner Seel' Geschick.«

Daran festhaltend und Ihnen Mut für diese Perspektive wünschend, einen guten Abend!

Rede zum Neujahrsempfang 2015 der Stadt Bamberg

Sehr geehrte Damen und Herren,

Sie hörten gerade das Stück »Morph« des Komponisten Steffen Wick, der derzeit und noch bis Mitte März Stipendiat des Internationalen Künstlerhauses Villa Concordia ist. Stefanie Schumacher, die wunderbare Virtuosin, ist unserem Haus seit nun einigen Jahren eng verbunden. Sie wurde uns durch die ehemalige Stipendiatin und seit 2011 in Bamberg lebende Komponistin Viera Janárčeková vorgestellt und konzertierte bereits mehrfach deutschlandweit für uns. Sie hören sie später noch einmal mit der Interpretation des Werkes »Alpha« von Arash Safaian.

Wie schön das ist, auf dieser Bühne zu stehen … diese Bühne, die so viele Male im Jahr ganz der Musik gewidmet ist und auch einem Orchester, das uns in Bamberg bereichert, beschenkt und in der ganzen Welt mit seinem Namen »Bamberger Tradition« erklingen lässt.

Ich freue mich über die außergewöhnliche Gelegenheit und Einladung, zu Ihnen sprechen zu dürfen.

Mein Name ist Nora Gomringer, ich bin in diesem Jahr seit 15 Jahren Schriftstellerin, und im fünften Jahr bin ich Direktorin des Internationalen Künstlerhauses, das seinen Sitz, die offizielle Dienststelle, in der altehrwürdigen Villa Concordia am linken Regnitzarm hat.

Zwar ist es bereits der 17. Tag des neuen Jahres, doch klingt das vergangene noch nach und seine Versäumnisse, Aufträge und Pläne beschäftigen uns auch noch in den ersten Tagen des neuen Jahres.

Zudem werden diese Tage überschattet von den erschütternden Ereignissen des 7. Januar in Paris. Zwölf Redaktionsmitglieder der französischen Karikaturzeitschrift Charlie Hebdo wurden während ihrer Redaktionssitzung kaltblütig erschossen. Seither scheint die Welt sich in einer Art Starre zu befinden, begleitet von dem solidarischen Ruf »Je suis Charlie«. In Hamburg wird eine Redaktion bedroht, die einschlägige Karikaturen des Magazins nachgedruckt hat. So nahe rückt uns das, die Bedrohung ist mit dem Schrecken längst bei uns angekommen. Aus der Starre heraus gehen Zehntausende auf die Straßen und bekunden ihre Solidarität. Vor allem hier tut es dringend Not: gegen eine vorweihnachtlich und schon viel zu lange hörbare Masse, die sich ironischerweise »Patriotische Europäer gegen die Islamisierung des Abendlandes« nennt.

Europäer – wer sind wir? Bürger? Eine Staatengemeinschaft? Wandelnde in einem Bündnistraum? Repräsentanten eines Wirtschaftsraumes? Bewohner derselben kontinentalen Erdmasse? Oder sind wir mehr als das? Europa, du Bündnisreiche und von Zeus einst auf seinem Stiernacken davongetragene Schöne, Europa, du Friedensnobelpreisträgerin, Europa, du mit ein paar Problemen. Astronomisch ist unser Lebensmittelpunkt namensgleich mit dem sechstnächsten Mond Jupiters, der ebenfalls Europa heißt und von dem man annimmt, dass Leben auf ihm möglich wäre.

Vielleicht spreche ich eher von dieser Warte aus: von einem weit entfernten Europa mit dem Blick auf das hiesige. (Nicht selten wird Künstlern ja eine gewisse Weltferne zugesprochen.)

Sehr geehrte Damen und Herren, Sie wissen vielleicht, dass die Arbeit des Künstlerhauses seit seiner Gründung und unter der Direktion meines Amtsvorgängers Prof. Dr. Bernd Goldmann ganz in das Zeichen europäischer Einheit und Ausrichtung gestellt ist. In unserer Satzung heißt es:

> *1) Das Internationale Künstlerhaus Villa Concordia dient der Förderung und Pflege der Künste und der Vertiefung der kulturellen Beziehungen des Freistaates Bayern zu anderen Staaten.*
>
> *2) Durch die Aufnahme von Künstlern aus anderen europäischen Ländern will der Freistaat Bayern einen Beitrag zur Förderung des europäischen Gedankens leisten.*

Und obwohl die Einladung des bayerischen Staatsministers nach Bamberg mittlerweile arrivierte Künstlerinnen und Künstler von großem Renommee auf der ganzen Welt erreicht, sind und bleiben wir dennoch eine Institution, die sich dem europäischen Gedanken verschrieben hat.

Im April 2014, während die Welt mit der Aufdeckung des NSA-Abhörskandals, dem Ausbruch der folgenschweren Krise in der Ukraine befasst ist und sich auf sozial nicht unumstrittenenem Weg zur WM in Brasilien befindet, haben sechs spanische Staatsbürger und sechs Künstlerinnen und Künstler aus Deutschland in der Villa ihre Wohnungen und Ateliers bezogen. So ist das seit Gründungstagen: unser

Villa-Jahr beginnt im frühlingshaften April. Einen Monat zuvor sind die Gäste des vorangegangenen Jahrgangs verabschiedet, die Wohnungen und Ateliers in Windeseile wieder bezugsfertig gemacht worden. Dabei müssen alle Mitarbeiter helfen und zum Beispiel Entscheidungen über Renovationen schon im Vorfeld treffen, damit es schnell gehen kann. So gar nicht weltfern ist die Kunst da bei uns, sind die Bedingungen, unter denen sie gedeihen kann. So mitten im Leben. Die Stipendiaten des aktuellen Jahrganges sind außergewöhnlich gut aufeinander abgestimmt. Die spanischen Gäste schätzen und unterstützen einander. Wenn es Ressentiments geben sollte, so ist davon bisher nichts zu spüren gewesen. Sie alle eint das kritische, aber auch sehnsuchtsvolle Gespräch über ihre Heimat.

Das stolze Spanien, bis 1977 unter der Diktatur Francos, ist eine feste Größe im Länderverbund Europas. Seine Künstlerinnen und Künstler erleben seit fast einer Dekade eine tiefe wirtschaftliche und soziale Krise. Natürlich werden Sie sagen, warum sollte es den Künstlern anders als den Beamten oder den Angestellten ergehen? Wenn alle leiden, leiden natürlich auch ganze Berufsgruppen. Für die Kunst aber - also das, wofür die Künstlerinnen und Künstler stehen, den Inhalt, dem sie ihre Haltung, Einstellung zum Leben, zur Gesellschaft widmen - sind zehn Jahre Krise eine bisher nicht gekannte Zäsur, bei der man nicht weiß, wohin sie führt, deren verheerende Auswirkungen sich aber bereits abzeichnen.

Das Gefühl und veritable Problem der Existenzbedrohung kennen viele Künstlerinnen und Künstler – da muss man nicht weit schauen –, aber die Politik ganzer Länder sich von alten Idealen abkehren zu sehen, das ist im wahrsten Sinne Bedrohung der Zukunft.

In Europa gab es durch das ausgeweitete Mäzenatentum der Kirche, der Königs- und hernach Patrizierhäuser ein tiefes Verständnis für die Wichtigkeit von allen Formen der

Kunst als Mittel der Dokumentation, Kommunikation und ästhetischen Weltbetrachtung. In diesem Zuge konnten sich Kunsthandwerk, handwerkliche Fertigkeiten und Ausdruck ständig erweitern, verbessern und im internationalen Austausch florieren. Europa war Ort der Konfluenz aller Strömungen, Ost wie West, Nord wie Süd. Schon am sizilianischen Hof des Stauferkaisers im 13. Jahrhundert war das Staunen über diese vielfältige Welt in einer Person festgehalten: Friedrich II., genannt *stupor mundi*, übrigens ein Kaiser, der in engstem Verbund mit den muslimischen Einwohnern Siziliens lebte und herrschte.

Kunst und Politik waren sich jahrhundertelang durch gegenseitige Kenntnis, Wahrnehmung und Wertschätzung verbunden. Fast will es scheinen, als wären wir im Bundesland Bayern, auch hier im aufständischen »gallischen Dorf« Oberfranken, eine selige Ausnahme zu den Bewegungen der Gegenwart, die die Künste zunehmend und allzu leichtfertig aus dem Blick der Politik wandern lassen. Gerade letzthin bemerkte Prof. Ottmar Hörl, Präsident der Akademie der Bildenden Künste Nürnberg, dazu treffend und kritisch: »Bei Lehrermangel fallen viele Stunden aus, nur wenn Musik- und Kunststunden ausfallen, beschwert sich keiner.« Was sich nach gekränkter Ehre anhören könnte, ist in meinen Ohren Zivilisationskritik. Und die ist berechtigt.

Wie oft höre ich die Frage nach dem Wert von Kunst, ihrer Welthaltigkeit, Relevanz und Bedeutung. Wie oft müssen sich Künstlerinnen und Künstler ihres Wertes innerhalb der Gesellschaft selbst versichern, weil er ihnen von außen schon nicht mehr zugesprochen wird. In diesem Spannungs-, aber auch Blickfeld steht seit über 17 Jahren das Internationale Künstlerhaus in Bamberg. Völlig einzigartig ist seine Konzeption, wenn man bedenkt, dass hier Spezialisten von hohem Renommee elf Monate einziehen, ihrem Leben an anderem Ort für eine Weile den Rücken kehren und sich auf diese Stadt einlassen. Die

Zeit in Bamberg wird ihnen vom Freistaat Bayern als Gegenleistung, als Preis für ihre bisherigen Verdienste um die Kunst geschenkt. Sie wiederum beschenken uns durch längstmögliche Anwesenheit, Einbringung, Geist und Tatendrang.

Für viele ist Bamberg hernach zweite Heimat, Erinnerungsstätte und immer wieder Anziehungspunkt. In der jüngsten Künstlerhausgeschichte sind Kinder während des Aufenthalts ihrer Eltern in Bamberg zur Welt gekommen, haben zwei Kinder aus Portugal und Deutschland »Bamberg« als Geburtsort in ihre Urkunde eingetragen bekommen. Das macht uns in der Villa sehr froh und auch ein bisschen stolz.

Durch die hartnäckige Verfolgung der ebenso hartnäckigen Vision des ehemaligen Ministerpräsidenten Dr. Edmund Stoiber, der sich eine Villa Massimo für Bayern wünschte und sein Interesse durch ein entscheidendes, spätnächtliches Telefonat mit Altbürgermeister Herbert Lauer nicht nach Bogenhausen, sondern nach Bamberg verlegte, ist die Villa Concordia – auch durch die vielfältigen Bemühungen des Bauamtes – heute so ein sorgsam gehütetes, für Bewohner und Veranstaltungsgäste stets geöffnetes Haus. Nicht viele wissen, dass dieses Haus schon in den 30er-Jahren des 19. Jahrhunderts vollkommen der Kunst verschrieben war. Damals nämlich, als sich ein »Gesellschaftsverein Concordia« gegründet hatte, von dem die Villa letztlich auch ihren Namen erhielt und der sich folgende Satzung gegeben hatte:

»Sie hat zum Zweck Veredlung des geselligen Lebens durch musikalische Produktion, zugleich zum Behufe musikalischer Ausbildung, deklamatorische und theatralische Vorstellungen, Tanz und erlaubte Spiele und überhaupt Conversation über Gegenstände der Kunst und Wissenschaft.«[1]

---

1 zitiert nach Moser, Peter: Bamberg – Ein verlorenes Stadtbild. Wartberg Verlag 1995, S. 13.

Schon damals also war das Haus, von vielen heute bedauert als Nicht-Hotel, Nicht-Restauration, eine feste Größe im kulturellen Zusammenspiel Bambergs.

Im Künstlerhaus von heute soll es den mit dem Aufenthaltsstipendium des Freistaates Bayern ausgezeichneten Künstlerinnen und Künstlern durch eine monatliche Zuwendung erleichtert werden, sich ihrer Arbeit zu widmen. Im Verlauf des Jahres freuen wir uns, dass viele Stipendiaten bereit sind, Veranstaltungen zu gestalten, zu denen wir die Öffentlichkeit einladen können, um sich ein Bild von der Kunst des Jetzt im Hier zu machen. Faszination, Neugierde, aber auch Irritation führen zu guten Gesprächen der Gäste untereinander und mit den Künstlerinnen und Künstlern. Aus so vielen Begegnungen habe ich selbst neue Inspiration und Fragestellungen schöpfen dürfen.

Wie letzthin, als wir eine Ausstellung des spanischen Künstlers Jesus Palomino eröffneten, bei der gerade mal das äußerste Maß an »Form« eingehalten wurde: Es gab etwas zum Ansehen, etwas zum Lesen, zum Hören, sogar zum Berühren und Mitnehmen und viel zum Nachdenken. »Samen im Wald«, »Gold im Fluss« sind zwei Gedankenexperimente, die der Künstler im Rahmen einer *delegated performance* vorstellte. Für »Samen im Wald« hatte er einen Dattelkern von einem Goldschmied in echtem Gold nacharbeiten lassen. Ein wunderschönes, erstaunlich schweres kleines Objekt. Das wurde jedem Besucher in die Hand gelegt mit der Information, dass just dieses Objekt in Bamberg für immer verbleibt, wenn Palomino es Ende Januar unter Aufsicht eines Notars an einer unbekannten Stelle im Bruderwald vergraben wird. Der spanische Gast schenkt uns also auf den ersten Blick einen kleinen Goldschatz, auf den zweiten, viel weiteren Blick schenkt er uns gemeinsam geteilte Geschichte, denn während der Dauer der Ausstellung wanderte der Kern durch viele Besucherhände, die alle Teil der gemeinsam konstruierten Geschichte um ihn herum wurden. Teil der Saat, die golden-verborgen im Waldboden zu liegen kommen wird. Für Palomino ist dies Ausdruck einer neuen Monumentalität, vielleicht sogar gültigen Alternative für alle Kunst im öffentlichen Raum, die sich nicht in Masse, Material, Verantwortlichkeit Einzelner und Unverrückbarkeit ausdrückt, sondern in Gemeinschaft, gemeinschaftlich getragener Verantwortung, geteiltem Schicksal und Erinnerung.

Sind dies nicht die absoluten Topoi des europäischen Denkens? Sehr geehrte Damen und Herren, kennen Sie den ergreifenden Brief der Bürgermeisterin Giusi Nicolini von Lampedusa, der bereits 2013 in der deutschen Wochenzeitung Der Freitag abgedruckt wurde? Er gilt mir heute noch als wesentliches Wegzeichen für meine Arbeit. Nicolini schreibt darin: »Wie groß muss der Friedhof auf meiner Insel noch werden? Ich bin über die Gleichgültigkeit entrüstet, die alle angesteckt zu haben scheint; mich regt das Schweigen von Europa auf, das gerade den Friedensnobelpreis erhalten hat und nichts sagt, obwohl es hier ein Massaker gibt, bei dem Menschen sterben, als sei es ein Krieg.

Ich bin mehr und mehr davon überzeugt, dass die europäische Einwanderungspolitik diese Menschenopfer in Kauf nimmt, um die Migrationsflüsse einzudämmen. Vielleicht betrachtet sie sie sogar als Abschreckung. Aber wenn für diese Menschen die Reise auf den Kähnen den letzten Funken Hoffnung bedeutet, dann meine ich, dass ihr Tod für Europa eine Schande ist.

Wenn Europa aber so tut, als seien dies nur unsere Inseltoten, dann möchte ich für jeden Ertrunkenen, der mir übergeben wird, ein offizielles Beileidstelegramm erhalten. So als hätte er eine weiße Haut, als sei es unser Sohn, der in den Ferien ertrunken ist.« So endet der Brief der Bürgermeisterin.

Auf der Welt bewegen sich derzeit so viele Flüchtlinge wie seit dem Zweiten Weltkrieg nicht mehr. Die Erinnerung an den Ausbruch des Ersten Weltkrieges, dem Präludium für noch mehr Schrecken in der Zukunft, war 2014 beherrschendes Jahresthema: Europa also in seinen ersten Verhandlungen, Handlungen gegenüber der Welt.

Unter den vielen Flüchtlingen dieser Welt sind neben Lehrern, religiösen wie weltlichen, auch Schüler, Erwachsene wie Kinder. Im PEN werden wir ständig informiert über die vielen Autorinnen und Autoren, die gefangen gehalten werden, Zensur und um ihr Leben fürchten müssen.

Hier in Bamberg, wo man »Freund statt fremd« gelten und walten lassen möchte, darf so eine Gesinnung, wie sie von Pegida und Co. propagiert wird, nicht Fuß fassen, Land gewinnen, wachsen. Vielmehr müssen wir erkennen, welcher Reichtum in jedem einzelnen Menschen steckt, dem wir durch Schicksal oder Fügung begegnen dürfen. Die Komponistin und derzeitige Stipendiatin Brigitta Muntendorf ist seit Neujahr bis zum 11. Januar immer zur selben Tageszeit beherzt in das kalte Regnitzwasser gesprungen und hat dies eine Aktion »for Compassion« genannt. Für das Mitgefühl. Dafür, wie es sich anfühlt, in kaltes Wasser zu springen, um ein neues Leben an einem neuen Ort zu beginnen. Ob gewähltes oder erzwungenes Schicksal – da sind wir Menschen alle gleich: Wir fürchten uns, und es fällt uns zunächst schwer.

So kann man also die Arbeit des Künstlerhauses wie vieler kultureller Institutionen als politisch im weiten Sinne ansehen. Als vermittelnd, interpretierend, als diplomatisch und kritisch. Diese Arbeit wäre unmöglich ohne die Künstlerinnen und Künstler, die nach Bamberg ziehen, weil man sie hierher eingeladen hat. Das Künstlerhaus wird für eine Weile Arche und reist mit schützenswertem Kulturgut, wertvoller Fracht auf einer elfmonatigen gemeinsamen Wegstrecke. Autoren wie Ricardo Menéndez Salmón und Javier Salinas reagieren unmittelbar auf Vergangenheit und Gegenwart Europas in ihrem Schreiben, Christine Pitzke, die sich in die verschiedenen geistesgeschichtlichen Entstehungsstufen von Lexika einarbeitet und Kerstin Specht, die uns von der schal gewordenen Ehe des Fahrtenheimkehrers Odysseus vorlas – sie alle schaffen Werke vor dem Hintergrund der Entwicklungen ihrer Zeit, tief in ihr und mit Tragkraft für Jahrzehnte darüber hinaus. Antonio R. Montesinos und Michele Di Menna untersuchen die Ressourcen, die ihnen ihre unmittelbare Umgebung zur Verfügung stellt und erschaffen mit ihnen Konstrukte und Skulpturen, die visionär sind und spielerisch.

Sie alle und die Jahrgänge an Stipendiaten seit 1998 begegnen hier in dieser Stadt Künstlerinnen und Künstlern, die ihren Lebens- und Arbeitsmittelpunkt in Bamberg haben, aber oft weit darüber hinaus anerkannt sind und Ausstrahlung besitzen. Arbeitsjubiläen selbstständiger Künstler, wie Dirk Beyer im letzten Jahr und Wolfgang Müller in diesem, setzen eine Tradition Bambergs fort, in deren Reihe auch ein kritischer Zeichner, Komponist und Autor wie E. T. A. Hoffmann steht.

Ich werte es als klugen und affirmativen Gedanken der Spiegel-Redaktion, dass in der Ausgabe, in der über das Attentat auf die zwölf Redaktionsmitglieder der Zeitschrift Charlie Hebdo berichtet wird, auch eine halbe Seite dem Autor und Zeichner Paul Maar gewidmet ist, dessen Sams eine Figur ist, die für das Wünschen steht.

2014 wünschten sich viele Menschen auf besonders medienwirksame Art und Weise Heilung und Besserung für Menschen, die von einer bestimmten Nervenkrankheit betroffen waren. Wenn nur halb so viele Menschen für die Erforschung von ALS spendeten, wie sich andere Eiswasser über den Kopf gossen, hätte diese Krankheit in der Zukunft vielleicht wirklich nicht mehr so viel Schrecken. Eine andere Bedrohung schwelt. Es ist das Ebola-Virus, das die Ärmsten der Armen in Afrika hinrafft und uns so sehr in Schach hält, das wir darüber vergessen, wie die Maßnahmen der ersten Hilfe zu sein haben: direkt, unmittelbar und ohne Verzögerung.

Über 2015 kann man im Rahmen der Kunst ganze Terminfluten hereinbrechen lassen. Ausstellungen werden eröffnet, Konzerte erklingen, Lesungen werden gehalten, Opernabende betören, Theatervorhänge – ganz neue, hier in Bamberg! – werden sich öffnen und schließen. Diese Termine sind fast alle schon gemacht. Wir leben in einer Stadt, in der das Angebot so reichlich ist, dass man sich manchmal fragt, ob irgendeiner nicht Kunst macht, sondern wirklich auch mal zu etwas hingeht. Aber das ist gut so, darum darf man uns beneiden. Wir alle, wir Künstlerinnen und Künstler Bambergs arbeiten daran, dieser »Bamberger Kondition« – so der Titel der Ausstellung der Stipendiatin Michaela Eichwald – unseren Eindruck von Zeit und Zeitgeschehen zu verleihen, unsere Spur nachzuzeichnen, und wir laden Sie ein, uns dabei ernst zu nehmen.

Und dass dies nie ohne Relevanz ist, auch das zeigt die weltweite Trauer um ebenjene zwölf Journalisten, die sich der Meinungsfreiheit, der Karikatur als politischem Ausdruck verschrieben haben.

Im oft etwas spöttisch betitelten »Tal der Seligen«, also just hier, möge 2015 also Erkenntnis herrschen: Wie der immer Nächste wirklich mein Nächster ist, wie mein Nachbar mir wertvoll sein muss, damit auch ich ihm wertvoll bin.

Sehr geehrte Damen und Herren, beide Musikstücke, die wir Ihnen aus der Villa mitgebracht haben, tragen griechische Namen. »Morph« und »Alpha«, sie stehen mir für Gestalt und Beginn. – Nicht ganz unbeabsichtigt haben wir diese beiden Werke gewählt, die nicht nur das Spiel der Virtuosin glänzen lassen, die beiden Komponisten für Sie in einem Bruchteil ihres Gesamtwerkes vorstellen, sondern auch, weil sie als die künstlerischen Topoi in Europa gelten mögen: Gestalt und Beginn.

Darin liegen *stupor mundi*, Revolution, Aufklärung, Reformation, Völkermord und Holocaust, Kriege, Kriegsschuld, Friedensbewegung, Mauerfall, Europäisches Bündnis, Einheit und wie in hoffentlich jedem Beginn: Zuversicht.

Nach Baruch de Spinoza ist Friede »nicht Abwesenheit von Krieg. Friede ist eine Tugend, eine Geisteshaltung, eine Neigung zu Güte, Vertrauen und Gerechtigkeit«.

Und es entspricht diese Haltung ganz und gar dem im Jahr 2015 geehrten Dichter: Matthias Claudius, der sein berühmtes Abendlied vom aufgegangenen Mond mit diesen Zeilen schließt:

So legt euch denn, ihr Brüder,
in Gottes Namen nieder;
kalt ist der Abendhauch.
Verschon uns, Gott, mit Strafen und lass uns ruhig schlafen.
Und unsern kranken Nachbarn auch!

Einen frohen, aufmunternden, unverstellten Blick auf unseren immer Nächsten, das wünsche ich Ihnen und mir für das ganze Leben.

Und wenn das ganze weitere Leben mit jedem Tag des Jahres 2015 beginnt, dann möge es sich nicht aufhalten lassen.

Es mögen Ihnen Kunst und Kultur nicht als die Garnitur am Tellerrand Ihrer Existenz gelten, sondern Ihnen als Seelengegenstände, also Gegenstände in Ihrer Seele wichtig sein, die Sie erheben, herausfordern und Ihnen Erkenntnisse schenken.

Auf einen guten Beginn im ständigen Beginnen:

Für Sie von Arash Safaian, einem deutsch-persischen Komponisten, der 2011/12 Stipendiat des Internationalen Künstlerhauses Villa Concordia war, sein Werk »Alpha«, interpretiert von Stefanie Schumacher.

»sohärzig«

Vom Verstehen der Schweizer und zum Verständnis der Deutschen. Ein heiteres Erläutern von fatalen Fehlannahmen zwischen den Nationen

Wir wollen sein ein einzig Volk von Brüdern
In keiner Not uns trennen und Gefahr.
Wir wollen frei sein, wie die Väter waren,
Eher den Tod, als in der Knechtschaft leben.
Wir wollen trauen auf den höchsten Gott
Und uns nicht fürchten vor der Macht der Menschen.

So schwören die Landsleute von Uri, Schwyz und Unterwalden, und es erklingt damit der folgenreichste Eid der Literaturgeschichte. Friedrich Schiller hat's eingefangen im »Wilhelm Tell« von 1804. Eigentlich erzählt er, nein, mystifiziert er eine damals mehr als 300 Jahre alte Geschichte, die Geschichte der Gründung der Schweiz.

Dieser literarische Schwur, im Stück auf dem Rütli in die Morgendämmerung gesprochen, ist vollkommen adoptiert worden von zahlreichen Trachten-, Schützen- und Gesangsvereinen. Er ist eingegangen in den allgemeinen Sprachschatz der Schweizer Bügerinnen und Bürger. Da hat ein Deutscher dem Nachbarvolk zu seiner eigenen Geschichtsschreibung, ja noch viel wichtiger: zum Mythos verholfen. – Aber hier greife ich vor.

Gegen habsburgische Willkür wollen diese Bürgerinnen und Bürger der Schweizer Stunde null damals eine Nation begründen, die sich nicht als revolutionär per se, aber als rechtmäßig, heroisch und honorig versteht.

Das Bündnis kommt durch Abgrenzung gegen eine feindliche Umwelt zustande, es vermag aber durchaus mit verständnisbereiten Nachbarn in Frieden, d. h. in Neutralität zu leben.

Neutralität – das ist so ein Schlagwort für die Schweiz. Fast so wie: Roger Federer, Swatch, Nestlè, Migros, Roche, Banken, Toblerone, Rolex, DJ Bobo.

Deutsche Kinder lernen die Schweiz heute immer noch durch einen japanischen Cartoon im Kinderkanal kennen: Heidi wird als junge Waise der Obhut des Großvaters, dem Alpöhi überlassen. Sie läuft barfuß den ganzen Tag, schläft nachts im Stroh, hütet mit dem Peter seine Ziegen, erweicht den grummeligen Alten und darf, muss, soll irgendwann etwas mehr von der Welt erfahren, dafür wird sie in die exotische, hermetische Fremde, nach Frankfurt am Main – Deutschland! – geschickt. Diese Geschichte aus den 80er-Jahren des 19. Jahrhunderts hat die Schweizer Autorin Johanna Spyri weltberühmt gemacht. Aber nicht nur sie: Die Schweiz ist mit ihrer Beschaulichkeit, Einfachheit, Wertebeständigkeit, Ernsthaftigkeit und Tradition die Hauptperson in diesem Lebensportät eines kleinen Schweizer Bauernmädchens.

Dass die Geschichte der kleinen Heidi auch die Rezeptionsgeschichte zahlreicher Klischees über ein kleines Land ist, mag man heute noch an den im Netz diskutierten Einschätzungen zu Schweizern und ihrem Land herauslesen: Sie seien alle reich, alle detailverliebt und sehr genau, pünktlicher als die

Deutschen, aber langsam müsse man mit ihnen reden. Oder besser eben so, wie sie selbst mit einem redeten: laaaangsam.

Ihr Dialekt wäre von Landstrich zu Landstrich leicht bis gar nicht verständlich, Sprachen überhaupt wären ein Thema. Alle würden mindestens drei der offiziell vier Landessprachen beherrschen. Niedlich klängen sie, die Schweizer, wenn sie die Silben so ganz anders betonten, höben und dehnten. Sohärzig. Mit Ausländern gäbe es ein Integrationsproblem, Tamilen aber wären noch rechtzeitig im Land angekommen und hätten sich ordentlich eingefügt. Das Schulwesen hält viel auf sich, Ganztagsschulen mit z. T. ausgezeichneten Infra- und Mensastrukturen für die Schüler wären exemplarisch. Für Künstlerinnen und Künstler wäre die Schweiz immer noch das Land der besseren Gagen. Die Rentenkasse AHV zahlt ordentlich. Steuerabgaben sind aber auch dementsprechend im schmerzhaft hohen Bereich.

Das Gemüt der Schweizer hat vielleicht das Gedicht meines Vaters, des Nationaldichters Eugen Gomringer, in den 60er-Jahren im Zürcher Dialekt verfasst, besonders eingefangen:

schwiizer

luege
aaluege
zueluege

nöd rede
sicher sii
nu luege

nüd znäch
nu vu wiitem
ruig bliibe

schwiizer sii
schwiizer bliibe
nu luege

Was man Gomringer auslegen könnte wie eine Ode an die Neutralität, ist auch ein besonderer Umgang mit dem Kernbegriff des Luegens. Des Schauens, des Beobachtens ohne Eingreifen. Die Schweiz, eine Nation der Beobachter des Weltgefüges. Im jetzt ja nicht mehr so geheimen Bankengeheimnis krämernd, intensiv mit den eigenen Gesetzen hadernd, was Einwanderung und Akzeptanz von Minderheiten angeht. Außen ist die Welt um die Schweiz eng geworden, die Schweiz fühlt sich gepresst. Die Dütschen, wie die Deutschen genannt werden, bevölkern – zu allem Überfluss – im Personal und in der Führungsriege die Krankenhäuser und Hochschulen, ja auch beim Rundfunk, wo es ja besonders aufs Sprechen ankommt, klingt alles schon sehr düütsch. Das kann nerven. Und verunsichern. – Eugen Gomringer selbst hat in den letzten Jahren seinem Gedicht folgende Zeile dazugesprochen:

nüd znäch
nu vu wiitem
ruig bliibe

schwiizer sii
schwiizer bliibe
nu luege

aber e fuscht mache!

Seit 1291 sind den Urkantonen Uri, Schwyz und Unterwalden – die, wir erinnern uns, beim Rütlischwur beteiligt waren – 23 weitere hinzugewachsen. 26 Kantone bilden heute die Gliederstaaten der Schweizer Eidgenossenschaft. Jeder

Kanton hat eine eigene Verfassung und eigene gesetzgebende, vollziehende und rechtsprechende Behörden. In zwei Kantonen – Glarus sowie Appenzell Innerrhoden – bestimmt das Volk während einer Versammlung aller Bürger, der Landsgemeinde, seine Kantonsvertreter und entscheidet über Sachfragen. In allen anderen Kantonen finden Wahlen und Abstimmungen an der Urne statt. So ausdifferenziert, so bürgernah und auf das Gemeinwohl konzentriert scheint einem diese Ordnung.

Wie ist das mit so einem kleinen, nicht aufständischen, aber eben auch nicht 100 Prozent in der Europäischen Union integrierten Land? Bereits die Autoren Max Frisch, Friedrich Dürrenmatt und in der Gegenwart Peter von Matt, Lukas Bärfuss, Peter Bichsel und der kürzlich verstorbene Urs Widmer haben sich den Fragen der Schweiz in diesem Zusammenhang gewidmet.

Von Max Frisch stammt das folgende Zitat: »Was ich in Deutschland suche: die Weite im Verwandten. Viele tragen in Deutschland den Kopf etwas höher, als ihnen zukommt, und verwechseln sich mit der Größe ihrer Anzahl, also mit einer Größe, deren auch die Schafe und die Läuse sich rühmen könnten. Doch wo man eine wirkliche Persönlichkeit trifft, ist sie freier als im kleinen Land, unverkürzt, unverstümmelt, unverklemmt, bei gleicher Anlage hat sie meistens eine reichere Entfaltung; überall spürt man den größeren Spielraum – auch im Erfreulichen.«

Eine generelle Haltung der Schweizer gegenüber den Deutschen bildet sich hier ab: So sehr man deutsche Bekannte individuell schätzt, so sehr misstraut man kollektiv den Deutschen, man importiert deren Moden und schaut ihr Fernsehen durchaus, man diskutiert die Politik der Deutschen und weilt gerne in ihrer Hauptstadt.

Max Bill, der weltbekannte Maler, Grafiker und Architekt mag in den 60er-Jahren die Schweiz in Richtung Ulm verlassen haben, um in dem von Max Frisch beschriebenen »größeren Spielraum« genau das erwähnte »Erfreuliche« zu suchen. Für viele Schweizer war das vom Krieg zerstörte Deutschland im Gegensatz zur heilen Schweiz eine Fläche der Inspiration. Auf so einer landesweiten Tabula rasa konnte Neues erdacht werden. Max Bill begründete in Ulm die HfG, Hochschule für Gestaltung.

Roger de Weck fasst das seltsam asymmetrische Verhältnis zwischen den Deutschen und den Schweizern so zusammen: Wir, die Schweizer, machen die Deutschen schlechter, als sie sind, während sie uns besser machen, als wir sind.

Wie schon angedeutet, ist die Schweiz zum beliebtesten Einwanderungsland der deutschen Nachbarn geworden. So wie die Eidgenossenschaft in ihrer Wirtschaftsgeschichte immerzu von den Deutschen profitierte: Pioniere der Pharma- und Uhrenindustrie stammten aus Deutschland. Deutsche zogen die Eidgenössische Technische Hochschule und die Universitäten Zürich und Bern groß.

Diese enge Bindung über die Jahrhunderte hat Gottfried Keller in dem Gedicht »Gegenüber« geschildert:

Da rauscht das grüne Wogenband
Des Rheines Wald und Au entlang:
Jenseits mein lieb Badenserland,
Und hier schon Schweizerfelsenhang.

Kein Schloß, kein Dom ist in der Näh,
Nur Wälder schauen in die Flut;
Von Deutschland schwimmt ein fliehend Reh
Herüber, wo es auch nicht ruht.

Und in der Stromeseinsamkeit
Vergeß ich all den alten Span,

Versenke den verjährten Streit
Und hebe hell zu singen an:

Wohl mir, daß ich dich endlich fand,
Du stiller Ort am alten Rhein,
Wo ungestört und ungekannt
Ich Schweizer darf und Deutscher sein!

Sehr geehrte Damen und Herren, mit »sohärzig« waren meine Ausführungen überschrieben, mit dem Beisatz: »Vom Verstehen der Schweizer und zum Verständnis der Deutschen. Ein heiteres Erläutern von fatalen Fehlannahmen zwischen den Nationen« – natürlich könnte dieser inhaltliche Vorsatz mehrere Vorlesungsreihen anreichern.

Trotzdem kann es ja sein, dass das Nachdenken über die Schweiz und Deutschland in dieser dem Anlass geschuldeten und gerne gespendeten Kürze eine neue Nähe entstehen lässt. Klickt man sich durch die Ratgeberliteratur, scheint es einem jedenfalls, als ob Nähe ein angestrebtes Ziel zwischen den Deutschen und den Schweizern wäre: »Die Schweiz für die Hosentasche«, »Der Schweizversteher«, »150 Fragen und Antworten zur Schweiz« im Kartendeckformat kann man genauso im gut sortierten Handel bestellen wie den einschlägigen Titel: »Was Deutsche nicht hören wollen und Schweizer nicht zu sagen wagen« – ein Werk, das die kulturellen Unterschiede am Arbeitsplatz behandelt.

Ich, die Doppelstaatsbürgerin, schweizerische wie deutsche Autorin Nora Gomringer, wünsche Ihnen einen anregungsreichen Abend in Gespräch und Austausch. Gebe zum Üben und zur unmittelbaren Nähe das Wort: »Chuchichäschtli« in die Runde, auf dass sie sich als Sprachschüler und -lehrer erfahren und realisieren, dass wir auf der Welt – obwohl wir vermeinen, Deutsch miteinander zu sprechen – einander durchaus nicht verstehen können und wir uns von daher IMMER um Toleranz und direkte Kommunikation bemühen sollten.

Gemeinsam haben wir für heute Abend vielleicht das Wort des Schweizers Albert Einstein: »Im Falle eines Atomkrieges gehe ich in die Schweiz, da findet alles zwanzig Jahre später statt als anderswo.«

Nichts anderes wird in der Welt über das Frankenland kolportiert.

Auf einen gemeinsam begangenen Weg, den Klischees lebhaft immer entgegen – wünsche ich Ihnen einen guten Abend!

Zwischen den Zeilen: Zungen

Rede vor dem Verband der Literaturübersetzer anlässlich des 60. Jubiläums

Sehr geehrte Damen und Herren,

die folgenden Zitate sind Ihnen geläufig. »Alles Übersetzen ist ein Kompromiss.« (Benjamin Jowett), »Eine Übersetzung ist günstigenfalls ein Echo.« (George Henry Borrow), »Eine Übersetzung ist nur die Rückseite eines schönen Teppichs.« (Friedrich Julius Hammer) und »Übersetzungen sind immer nur Interpretationen.« (Marc Kraft).

Übersetzen kann … Übersetzen bedeutet, sollte bedeuten … »Wirklich übersetzen heißt: Etwas, das in einer andern Sprache gesprochen ist, seiner Sprache anpassen.« (Martin Luther), was ja wohl besonders funktioniert, wenn der Teufel einen dabei unter Druck setzt. »Übersetzen ist Fährmann sein«, so Robert Schindel.

Übersetzen ist aber auch – und das sage ich mit aller Ehrfurcht vor Ihnen und mit der Bitte um eine schmunzelnde Aufnahme des hernach Gesagten – Geiselnahme.

Wort für Wort lösen Sie aus, wenn nur der ausreichende Gegenwert in der anderen Sprache gefunden wurde, und geben den

Text seinem Verfasser zurück. Etwas entfremdet, in neue Tücher gewandet, steht er dann da. Diese Rückgabe erfolgt über Ländergrenzen hinweg, praktisch beschrieben: viele Male auf Buchmessen, bei Lesungen, in Gesprächen und natürlich Publikationen. Oft sind Sie, werte Übersetzer, dabei maskiert, tragen mediale Tarnkappen, sodass der noch lebende Autor des Textes Sie niemals, an keiner Stelle des Gesamtprozesses, genannt »Übersetzung«, zu Gesicht bekommt und er sich fragt, ob es Sie wirklich gibt oder ob Sie lediglich imaginiertes Personal seiner Vorstellungskraft sind. Manchmal schreiben Sie auch kurze Erpresserbriefe oder -E-Mails, in denen Sie in bunten Lettern schildern, wie Sie diese oder jene Passage zu übersetzen gedenken, Sie dafür aber um die Einhaltung des Deals von anderer Seite bitten: Der Autor soll absegnen, beraten, Ja oder Nein sagen und dabei entscheiden – oft ganz herzenswund eine »Sophie's Choice« treffen – und sich für Aleph oder Omega aussprechen. Die schöne, fein ziselierte Sprachpracht mit ihrer Hydraköpfigkeit bannen? Die Köpfe zum Pferdeschwanz zusammenbinden und nur ein Gesicht als Antlitz des Textes soll verbleiben?, jammert der Autor. Der Autor ist in dieser Beziehung ein Jammerlappen.

Woher vermeine ich Sie zu kennen, werte Damen und Herren Übersetzer? Ist die impertinente Person nicht Dichterin und übersetzt höchstens ihr Außen-Innenleben an die Innen-Außenwelt? Ist sie nicht eine, die sowieso viel zu viel spricht und das immer zu laut?, mögen Sie fragen und in allem recht haben und doch …

Ich spreche Worte der deutschen Sprache seit fast 34 Jahren. Meine Mutter berichtet, dass mein erstes Wort aus Goethes letztem Satz stammte: Licht. Ich zischelte es hervor anlässlich meiner Taufe im November meines Geburtsjahres 1980, wohl im wahrsten Sinne in den Armen meiner Mutter. Es folgten die Jahre des Spracherwerbs, geprägt durch meine für die deutsche Sprache glühende, aber generell multilinguale Mutter und meinen ebenso multilingualen Vater, dessen Spracharbeit hinreichend bekannt, ja unerreicht ist an Genialität und Originalität. Seine Zunge ist die des Schweizers aus Zürich und des Bolivianers aus Südamerika. Hier also der Fall einer ersten offiziellen Zungenteilung. In der Schule waren es Latein, Altgriechisch, Englisch, Wahlkurse des Spanischen in Deutschland und in den USA, die mich sprachlich profilierten. Verliebtheiten wurden und werden auf Russisch, Holländisch und Spanisch ausgelebt und ausgetragen, Hebräisch kam an der Uni dazu, auch weil ich meinem Großvater entsprechen wollte, der mir eingeschärft hatte, dass ein Humanist nur ein ebensolcher wäre, wenn er die drei großen alten Sprachen Latein, Griechisch, Hebräisch beherrschte. Ich frage mich oft, wie er diese Aussage als junger SS-Offizier an der russischen Front für sich in Sinn übersetzen konnte.

Da ich durch lange Auslandsaufenthalte – für ein Kind sind diese ja eigentlich immer mehr oder minder freundlich geartete Verschleppungen durch die Eltern in fremde Sprachräume – das Englische zu meiner zweiten Zunge, oder lieber sage ich: zur anderen Hälfte meiner einen Zunge gemacht habe, ist die Frage nach dem Übersetzen eine Überlebensfrage.

Manche Ideen und Gedanken in der einen Sprache kann ich nur bannen und erhalten, wenn ich sie übersetze, sie quasi auf meine zweite, multilinguale cerebrale Festplatte brenne. So war das im Ausland mit vielen Ideen und Gedanken. Unter anderem der Beschäftigung mit den Themen Heimat und Sehnsucht. Scherzhaft meine ich oft, dass ich über bestimmte Dinge in meinem Kopf nur auf Englisch nachdenken kann. Dazu gehören Themen der Kunstgeschichte, das Erlernen spanischer Vokabeln – wobei mir die englische Sprache als die Ausgangssprache den Eingang in die neue Sprache erleichtert, auch über Poesie. Mein Erstaunen, meine Bewunderung und alle Areale in meinem Gehirn, die sich mit Lob und Liebe verbinden, plappern auf Englisch.

So ist es kaum verwunderlich, dass ich – wenn ich als Autorin schon unangenehm autobiographisch werden muss – für den deutschen Rezipientenkreis gerne abtauche und das Thema des Lebens, der Familie, der Herkunft und der Selbsterfindung gerne auf Englisch behandle. Hören Sie gleich meinen halb ehrlichen Text »Family Thing«, der Ihnen diese Taktik in Praxis übersetzt.

Seit dem Jahr 2000 übrigens darf ich mich Autorin nennen, im Sinne der VG Wort und im Sinne meiner Eltern, weil da zum ersten Mal Geld gegen Produktion floss: Gedichte gegen Geld. Zum Glück hat dies bis heute zumindest nicht aufgehört, sodass ich nächstes Jahr auf 15 Jahre Tätigkeit im Wortfeld blicken kann. Eine Ernte in Jahren sozusagen.

Hier nun ein Beispiel aus der Praxis, mit fremder Zunge bewehrt:

Family Thing

My mother used to say
Don't do this
Don't go there
Don't watch this
Don't eat those
Don't come around asking

For that's what mothers do
Don't say yes
Don't cry no
Don't have fears
Don't be loud
Don't shake up
Don't dress down
Don't come in
Don't stay out
Don't be all too proud

My mother is the mother of invention
I guess, this makes invention my sister

My sister is invention
My sister is suspicion
My sister is 20:20 vision
My sister is Star Trek convention number 1123
My sister is alienation
My sister is vegetation
My sister is industrialization
My sister is true meditation

Can't talk about sis
Got only brothers in store
One brother in Munich
One from around, one living in Vietnam
Two living in Zurich, one in New York
One next to the father, who was not mentioned yet
Daddy, oh Daddy, who is riding his horse
At this late hour trough night and wind
(Now that's a bad translation.)

It's Daddy, I hear you say
I hear steps on the stairs,
Ascending, ascending steps
I hear steps ascending
That's Daddy, I hear you say

Be polite, be bright, be in bed tonight
Be sharp as a knife, be a good wife
Be true, be blue but be true
Be kind, be blind when your man comes home after
3-2-1
Be good, be good as gold,
Be a hummingbird and sing hummingbird songs

Be bright, be the tiger burning bright in the forest of
the night
Be educated, be reasonable, be seasonable,
Be like Malevich, be like Kandinsky,
Be She-Wolf and be a busy bee
My Daddy used to say this is a family thing
A close-knit ring
Come closer and closer and see
Or shake apples from a tree
Shake them and bake them into a pie
Mommy and Daddy love it that way
This is a family thing

Don't you dare to ask
WHY

Hie und da Klingklang also, auch um abzulenken, etwas abzudecken, anderes unter den Teppich zu kehren oder vermeintlich Nebensächliches wie etwa die sieben Brüder auf einem gut beleuchteten Sockel zu postieren, das wenig Märchenhafte und Biblische an diesem Umstand.

Noch einmal aber: Woher vermeine ich Sie, werte Damen und Herren Übersetzer, zu kennen? Übersetzer haben an mir gearbeitet, sind in mein Bergwerk der Sprache eingefahren, haben meinen deutschen Texten ein französisches, italienisches, spanisches, holländisches, arabisches, griechisches, polnisches, chinesisches, amerikanisches, schwedisches, norwegisches, slowakisches, russisches und weißrussisches Publikum beschert. Sie haben mich meinen deutschen Lesern verständlicher gemacht, und ganz nach dem Motto »Am schwierigsten sind Übersetzungen in dieselbe Sprache« (Michael Ritter) mit bilingualen Ausgaben dem Leser die Chance geschenkt, sich ein Mehr an Information zu erlesen.

Mein Leben auf Festivals, den Ideentauschplätzen, auf denen am häufigsten Texte vor nicht-deutschsprachigem Publikum vorgetragen werden, habe ich einmal in dem Gedicht »Dichtertreffen« zusammengefasst:

Dichtertreffen

Wir standen beisammen, dichter
Sekt in den gespaltenen Hufen
Wie die Tiere zur Heiligen Nacht
Gegenseitig erstaunt über unsere Sprache
Das Schwein ungläubig an die Lippen der Kuh
Gehängt, der Hahn am Schnabel der Ente
Die Lesungen, die folgten, waren ein Abtasten
Der Kehlköpfe, die bewegt durch fremde Beben
Gebäude rissen wie die Löwen Antilopen
Die Presse blinzelte und hörte nicht, was wirklich
Gesagt wurde, es war mittlerweile der erste Feiertag
Und längst schwiegen wir wieder

Dieser Text wurde von zahlreichen Übersetzern bereits bearbeitet und kam mir so in vielen Sprachen wieder entgegen. Meistens werde ich auf die Bühne gesetzt mit einer Schauspielerin, die meine Texte dann in Übersetzung vorliest. Von dieser Lesung des Textes hängt viel ab: ob ich den Text quasi mit tierisch-mütterlichem Instinkt wiedererkenne, schließlich ist er aus der Brut genommen worden und trägt nun die Duftspuren einer anderen Sprache und damit Welt. Und ob er Gefallen beim Publikum findet durch den Vortrag der Sprecherin oder *allein* dadurch, was fatal wäre. Und schließlich: Wie schlägt er sich so generell … der Text in neuen Kleidern? Losgelöst vom Jammer- und Befürchte-Autor? Hält er, kann er, trägt er, baut er, singt er, spricht er?

Über die Jahre der Auftragsreisetätigkeit für Pro Helvetia und das Goethe-Institut bin ich in die buntesten Zusammenhänge versetzt worden. Nicht nur gepaart mit Musikern und verschiedenen Künstlern für die Bühne, sondern textlich manchmal fast ausschließlich dem Deutschen und seiner von Laien viel zu oft abgesprochenen Klang- und Wirkkraft überlassen worden. Und siehe da, es ging. Manchmal wirklich auch ohne Übersetzung, und doch habe ich Sie, werte Damen und Herren Übersetzer, dann stets vermisst, denn ein weiterer guter Geist, schwebend über dem Wasser einer für Leser einer anderen Sprache unübersichtlichen Semantik, ist wichtig und erlösend. Von einer anderen Sprache umgeben, lauscht man aufmerksamer, liest genauer, hat die Überlebensinstinkte auf wach und aufnahmebereit geschaltet. Manchmal, auf Reisen, geht man ja sogar leichter durch die Straßen einer Stadt, die einen noch nie gesehen hat und nur fremde Wörter auf einen verwendet. In dieser Sprach- und Sprechrealität habe ich mich oft befunden, und gerade in dem Moment just vor der sprachlichen Assimiliation, dem Lernprozess, der zum Sprechen führt, gibt es eine Strecke köstlicher Einsamkeit nach außen und großer Aufgehobenheit nach innen im Echoraum der eigenen Sprache.

Lassen Sie mich Ihnen eine Begebenheit zu ebendieser sprachlichen Angleichung schildern: Es geht um einen mir einmalig anvertrauten, sehr klugen, kleinen Hund, der mit einem vollen Vokabelheft, einem Heft voller abzurufender Kommandos bei mir abgegeben wurde. Der Hund sprach ausschließlich Englisch – trotz aller Hochbegabung:

How to love dog

Good dog, she says
Good dog, that is
She says
Good dog needs love
Show love to good dog
Dog when out in rain

Dirty dog needs to shower
You dirty dog, dirty doggy need shower
Dog will stand at command and wait
Shower dirty doggy
Shower dog
Stop dog from shaking
No shaking, good dog
Good dog loves food
Dog food is loved
Give paw
Lift leg
Roll over
Play dead
Good dog
She says dog will not correspond to no
No is not in dog's vocabulary
Dog knows stop
Use stop when good dog bad
Bad dog stop barking
Stop licking
Stop running
Stop chasing
Stop whining
Then good dog again
You will love dog
Dog very lovable
When dog good
Just call if you have questions

Sprachlich angeglichen also und trotzdem eigenständig geblieben: der gute Hund und seine hysterische Sitterin … Übersetzen berührt erst nur die Oberfläche. Es gilt dann eine große allgemeine Kulturtransferleistung zu vollbringen, an der Sie zunächst mit Ihrem Werk Anteil haben. Die Transferleistung wird dann schließlich durch schriftliches Zeugnis und Druckerschwärze Realität. Oft also möchte ich der Arbeit des Übersetzens, wenn sie in der Person der Übersetzerinnen und Übersetzer dieser Welt buchstabiert wird, zurufen: Lasst uns länger im Vagen! Macht nicht umgehend alles dem Wort gleich – je zaghafter wir uns alle in unserer Umgebung verhalten, uns tastend und nicht packend berühren, desto geringer sind die Befürchtungen drastischer Folgen.

Aber das ist natürlich Utopie – Dichterutopie. Die eines Besseren belehrt wird von Karten, die an die amerikanische Armee ausgeteilt werden und in Bildergeschichten der afghanischen und irakischen Zivilbevölkerung erklären sollen, warum man z. B. den Bruder unter Arrest stellt oder diese Hütte nun als Schießstand besetzen muss. Diese Art von Übersetzung in Bildern, da wo Worte in der Tat fehlen – würde man die jungen Amerikaner alle ein paar Monate im Arabischen schulen, würde ja, godforbid!, vielleicht auch so etwas wie Interesse und Sympathie für die andere Seite der Welt geweckt –, ist trivial und manchmal effektiv ... Ich muss zugeben, dass mir die auf den Karten vorgelegten Bildergeschichten nicht auf Anhieb verständlich waren. Vielleicht liegt es daran, dass ich keine Ziege mit Hirten und keinen Mann im Kaftan in meiner Umgebung weiß, die einen Sprengsatz verstecken könnten. Das Übersetzen von Inhalten in Bilder ist eine schöne und ebenso wie die Übersetzung von Sprache zu Sprache Fehleinschätzungen unterworfene Leistung.

In den letzten Tagen saß ich einer Jury bei, die einen bayerischen Raptext krönen sollte, der sich mit dem Thema Heimat auseinandersetzte. Die Qualitätskriterien der Jury waren: sprachliche Ausdruckskraft, thematischer Bezug und Originalität.

Das sind wohl auch die Kriterien, die jeder auf die Abfrage nach der Qualität einer Übersetzungsleistung anwendet.

Schwierig ist es in der Lyrik, weil sie ein Extrakt wie ein Espresso ist und man nicht recht weiß, aus wie vielen Bohnen und von welcher gedanklichen Richtung und Qualität. Der Röstvorgang ist entscheidend, und dem wohnte ja der Übersetzer im seltensten Falle bei. Ausnahmen sind vielleicht Projekte wie der Berliner Versschmuggel oder Duett-Arbeiten wie die der Übersetzerin und Dichterin Elke Erb mit der Übersetzerin und Dichterin Olga Martynowa. Da sitzt man einander gegenüber Auge in Auge mit der Interlinearübersetzung und im Dauergespräch ineinander verschlungen, bis Wort für Wort vom jeweils anderen über die Landessprachgrenze geschmuggelt oder ganz offiziell übergeben wird.

Am liebsten hätte ich manchmal ein anderes Wort als »Übersetzer« für Ihren Berufsstand. Ich denke an »Überträger« – und dann leider an Krankheiten und Infektion und verstehe, dass das schöne »Übertragen« für Übersetzung durchaus funktioniert, nicht aber die Personifizierung. Auch »Überbringer«, »Überreder«, »Überschreiber« treffen es nicht gut im Deutschen. Die Akte des Übertragens, des Übersetzens, des Überbringens, des Überredens, des Überschreibens können aber durchaus gelten, wie ich finde. Ihre Arbeit ist vielfältig und unterbezahlt, wie ich vielerorts erfahre. Warum ist das so? Ist die Übersetzung eine so gewöhnliche »Dienstleistung«, dass sie leicht abzutun ist? Wie wertvoll ist die Übertragung eines Gedichtes in eine andere Sprache, die diesen Text nicht wirklich ungeduldig erwartet?

Organisationen wie Ihr Verband, aber auch CEATL und andere setzen sich für die Verbesserung der Situation der Übersetzer ein, schaffen eine Lobby, finden langsam aber sicher Gehör. Und die Namen der Übersetzer finden immer öfter auf die Cover der Bücher, derer sie sich angenommen haben, ihre Zeit, ihr Einfühlen, ihre Ausbildung, all ihr Wissen und Gewissen gewidmet haben. Das LCB in Berlin, das Haus Looren – zuletzt auf dem Literaturfestival in Solothurn ausführlichst dargestellt – und das Goethe-Institut mit seiner Übersetzungsförderung bieten große Hilfe an beim *matchmaking* zwischen Autor und Übersetzer, beim Finanzieren der dann entstandenen Sympathie und bei der Herstellung des ersehnten gemeinsamen Produktes: dem Buch. Immer noch ist es wohl eher das gedruckte Buch.

So ein Buch hat einen Einband und damit zwei Klappen, die es halten, die es aber auch hält. Es ist in der Regel recht stumm. Nur das Auge übersetzt und übersetzt die Buchstaben, nimmt manchmal die Gestaltung wahr und seltener noch: differenziert wahr. Also kommt gerade bei der Dichterin die Frage nach dem Klang auf. Mein Verlag löst diese Frage durch die Beigabe einer CD im Buch, die die Autorin selbst besprochen hat. Und wenn das Buch in einer anderen Sprache erscheint, liest es entweder ein Schauspieler oder die olle Gomringerin versucht sich an einer ausdrucksvollen Nachahmung. Dass das jeder Authentizität widerspricht und dann auch wieder nicht, ist klar, denn schließlich ist nichts authentischer als ein Stotterer, der um die Sprache und mit ihr ringen muss.

Da man wohl per se mit Teilen meiner Arbeit oft den Klang verbindet und das Sprechen fordert, hat mir die Frankfurter Nationalbibliothek – 2012 hundertjährig – die Ehre erwiesen, die Frage »Wie klingt eigentlich Deutsch?« aus meiner Warte beantworten zu dürfen.[2]

Von Virginia Woolf stammt der Satz: »Humour is the first of the gifts to perish in a foreign tongue.« Achtung, es folgt eine nur ungenügende Übertragung dieser Zeile ins Deutsche: Humor ist die erste der Gaben, die sich in einer fremden Sprache verlieren. Wie wahr das Wort Walter Benjamins ist, der sagte, dass das Übersetzen keine Handlung an der Sprache, viel eher ein Handeln an Kulturen sei, habe ich bei meinen chinesischen Übersetzungen erfahren, die allesamt nicht funktionierten.

2 Dieser Text ist auf S. 9 dieses Bandes zu finden.

Alle biblischen Anspielungen, fein eingefügten Anklänge in diesem Gedicht blieben ungesehen und damit später ungehört:

Das Herz

Eine Artischocke
Mangogroß und blaufleckfarbig

Kann geschält und freigelegt werden
Schicht um Schicht

Wird staunend wahrgenommen
Ob ihrer Größe

Könnte Eden beherbergen
Zwischen den Lungen

Ward verdeckt von der Rippe
Aus der die Apfelesserin geschnitzt

Kaum mehr Aufhebens
Um ein Ding – pflanzbar, aussäbar

Nach deinem Unfall in mein Brustbeet

»Beim Übersetzen muss man bis ans Unübersetzliche herangehen«, sagte Goethe, »alsdann wird man aber erst die fremde Nation und die fremde Sprache gewahr.«

Das Chinesische zum Beispiel wandelte meine Texte in die Ergüsse einer recht rohen Person mit seltsamen Vorstellungen von Humanbiologie. Keine einzige Frage wurde mir – die ich ja noch lebe und Auskunft geben kann und mag – zu dieser Textarbeit gestellt. Ich habe mir gemerkt, dass das oft die erschreckendsten Folgen hat … wie bei einem anderen Beispiel, als die Übersetzung ins stolze Russische meine leicht ironische, aber ansonsten ganz melancholisch verliebte Ode an die Stadt Nowosibirsk, betitelt mit »Tscheljuskinzew, Komma«, nicht für Bravos sondern Buhs vor Ort gesorgt hat. Sogar ein »Nemezky go home« gab es, was mich damals sehr getroffen hat. Die Erfahrung als Touristin im Spannungsfeld der Sprachen lehrt es einen ja auch:

Das Castellano, das ich in Schule und Studium gelernt habe, macht mich in Mexiko zu einer überheblichen, anstrengenden Person. Und in Spanien macht mich die mexikanische Variante des Spanischen zu einer putzigen, vielleicht etwas tumben, braun gebrannten Strandwesenheit. Nichts weiter.

Als ich selbst den wunderbaren russisch-amerikanischen Dichter Ilya Kaminsky für die Zeitschrift Akzente erstmals übersetzte, war mir klar, dass ich viel zu wenig von der Welt Odessas, Brodskys und Kaminskys wusste, und seinen Klang, den er der Welt und dem lyrischen Gefüge im wahrsten Sinne abtrotzen muss, da er von Geburt an schwerhörig ist, habe ich kaum verstehen können – bis ich ihn lesen, intonieren, prosodieren, ja singen hörte. Dieser junge Dichter ist ein Phänomen, und ich wünsche mir, dass er nicht an meinen zittrigen ersten Übersetzungsversuchen im deutschen Sprachraum gemessen wird.

So viele herrliche Dichter verschiedener Sprachen darf ich treffen, und oft ist die Sehnsucht, ins Deutsche übersetzt zu werden, Thema unserer Gespräche.

Das Deutsche besitzt Anziehung, dem deutschen Lesepublikum wird Aufgeschlossenheit attestiert, Sie als Übersetzer genießen Weltruf. Ich werde kaum Ihre Reihen mit Übersetzungen aus meiner Feder in den nächsten Jahren belästigen, denn ich merke, für vieles, vor allem viele Aspekte Ihrer Arbeit besitze ich wenig Talent. Yoko Onos Zeilen, die nun so wunderbar von Uljana Wolf übersetzt erschienen sind, lagen mir vor, und ich konnte mich nicht einfinden in den Ton der

Texte, die mir keine Gedichte scheinen, aber kluge Sentenzen, die das Werk der großen Aktionskünstlerin unbedingt abrunden.

Überhaupt bin ich als Autorin, also Schöpferin des Primärtextes sowieso ein sehr scheues Wesen, zweifelbehaftet, zaghaft bis in die zehn tippenden Finger hinein. Ich schildere Ihnen meinen absoluten Autorenalbtraum:

Ich bin doch nicht hier, um Sie zu amüsieren.
Wenn Sie sich amüsiert fühlen, habe ich etwas falsch gemacht.
Tut mir leid.
Fühlen Sie sich amüsiert?
Dann gehen Sie jetzt.
Gehen Sie schnell.
Hinaus, an die Luft. Atmen Sie ein paarmal tief und beruhigen Sie sich.
Dringend. Wenn Sie jetzt nicht gehen, wo Sie doch aber amüsiert sind,
dann rechne ich nicht mehr mit Ihnen.
Verstandesmäßig. Rein verstandesmäßig.
Ihre Sprache wird sich überschlagen.
Sie werden schmunzeln, dann lachen. So kenne ich es.
Das Amüsiertsein. Und es wird Sie umbringen. Sie und irgendwann mich,
denn an einem der nächsten Tage werden Sie von mir erwarten,
Sie beständig und immer wieder aufs Neue zu amüsieren und
natürlich werde ich scheitern.
Denn niemand kann einen anderen
in so einem gründlichen Umfang amüsieren.
Nie wird es gelingen.
Die grobe Folge dieser Erkenntnis:
Sie werden sich von mir abwenden.

Und diese Bewegung wird mein Herz brechen.
Darum, bitte: Seien Sie nicht amüsiert.
Vom Amüsiertsein kommt nichts Gutes.
Es bringt mich um.

Autorenjammer – wie gesagt …

Sicher sind Sie es gewohnt, dass man an dieser Stelle harte Thesen vor Sie hin nagelt. Ihnen sagt, dass alles Übersetzen Neuschöpfen, Aufwerten, Abschätzen, Umtexten oder Aufbäumen sein muss – ganz wie es dem jeweiligen Zeitgeist entspricht. Ich wüsste nicht, was diese Thesen aus meinem Mund sein könnten, da ich – obwohl ich zu Beginn meiner Ausführungen gleich so dreist war, Sie alle Geiselnehmer zu nennen – ein Wesen voller Sympathie und großer Bewunderung für Ihre Arbeit bin. Meine eigenen kleinen Ausflüge in die Arbeit der Übersetzung haben mir die Tragik und den Nervenkitzel aufgezeigt, denen Sie im Wechsel unterliegen. Entscheidungen treffen für einen Autor, der doch die Polen, Ungarn, Japaner oder eben uns Deutsche gar nicht kennen kann. Seinem Text helfen, eine Fließgeschwindigkeit und Temperatur zu erlangen, auf dass er ohne größere Probleme in den Gesamtstrom der Texte der anderen Sprache eingefügt werden kann oder eben wie ein Goldfisch darin eingesetzt wird. Das und mehr leisten Sie, denn Sie sind schöne Wesen unglaublicher Begabungen, Sie leisten Absolutes. Sie verstehen. Sie übertragen, Sie übersetzen, Sie vermitteln, durch Ihre Zungen – und wie oft sind Sie selbst Schriftsteller, schöpfen Originäres und besitzen doch oder gerade deswegen genug Empathie und Sympathie für die Werke Ihrer Kollegen –, durch Ihre Zungen singen sie und tragen zur Vielstimmigkeit dieses Chores bei, dieses Chores, der die Welt ist und deren Bewohnern wir so viel Verständigungswillen wie nur menschenmöglich schuldig sind.

Ich bin einfach eine Pazifistin. Ich habe mich mit dem Krieg auseinandergesetzt und als Dichterin die verheerende Rhetorik und die hernach noch verheerendere Sprachlosigkeit verfolgt, die in seinen Katalog von Merkmalen gehören. Ein Tryptichon habe ich vorgelegt, dessen Texte vielleicht die Art meiner Übersetzung, nämlich das Übersetzen von Erinnerung deutlich machen.

Monolog

Ich habe Diamanten in deinen Rocksaum genäht,
damit du Brot kaufen kannst
Ich habe das Schlaftier in den Rucksack gesteckt und
ein Glas Marmelade dazu, aber psssst
Ich habe deine Unterröcke unter das Laken gerollt,
entpacken musst du sie schnell
Ich habe die Papiere in diese Tasche ganz unten gestopft, dass auch ja nicht, du weißt
Ich habe ein wenig Geld in den Mantel gestickt, vielleicht kannst du ja
Ich habe Großvaters Uhr in die Vase beim Fenster, sie
sollen dich nicht aufhalten

Ich habe einen Stift in dieses Kuvert und einen Brief
dazugesteckt an den Onkel, gib ihn ihm
Ich habe den Stern von der Jacke abgetrennt, so ist es
besser
Mir scheint, ich hab die Türen alle verschlossen, jetzt
gibt es keine Räume mehr
Ich habe die Kinder alle verschickt, jetzt gibt es keine
mehr
Ich hab die Sterne alle verbrannt, jetzt ist jede Nacht
schwarz
Mir scheint, ich habe alle Ratschläge ausgesprochen,
jetzt hab ich keine mehr

Ich habe Diamanten in deinen Rocksaum genäht, aber psssst

Und es war ein Tag.
Und der Tag neigte sich

Und es war Stehen und es war Warten
Und es war eine Masse und es sah aus wie ein Meer
Und es waren Männer und es waren Frauen
Und es waren Kinder und es roch nach Leder
Und es waren Koffer und es war Dampfen
Und es waren Münder und es war das Wort
Und es war Stumpfes und es war Taubes
Und es waren Große und es waren Mäntel
Und es waren Hunde und es war Wimmern
Und es war Weinen und es war ein Zug
Und es waren Waggons und es war eine Rampe
Und es war Eile und es hieß: Hinein
Und es war Drängen und es war wieder Eile
Und es war Härte und es war der Ton
Und es waren Hände und es waren Blicke
Und es waren Minuten und es war Enge
Und es war kein Raum
Und es war bald Nacht und es war ein Scherz
Denn sie waren wie Rinder
Und es war ein Riegel und es war ein Ruck

Und es war Fahren und es war keine Luft
Und es war Nacht und es war Zeit
Und es war zu lang
Und es war Flüstern und es war Raunen
Und es war Mutmaßen und es waren Fragen
Und es war Hitze und es war zu eng
Und es war wieder Weinen und es war ein Eimer
Und es waren vier Ecken und es war ein Geruch

Und es war eine Scham
Und es waren Stunden und es waren Stunden
Und es waren Stunden und es waren Stunden
Und es war Durst und es war Wirre
Und es war Sinken und es war Lehnen
Und es war ein müdes Gebet
Und es war trübes Wasser aus der Kelle
Und es waren Gerüche
Und es war ein Ruck

Und es war ein Lauschen und es war eine Hoffnung
Und es war eine Sprache und es war ein Land
Und es waren Stunden und es waren Stunden
Und es waren Stunden und es waren Stunden
Und es waren Ahnungen und es waren Gerüchte
Und es war ein Feuer, das lief
Und es waren Fetzen und es waren Worte
Und es war sicher nicht wahr

Und es war ein Ruck
Und es war wahr
Und es war ein seltsamer Name
Au-schw-itz

Wir hätten nicht mitgemacht

Sie, verehrte Damen und Herren Übersetzer, sind in diesem Verband 60 Jahre mehr oder weniger miteinander verbunden und doch als Einheit wahrgenommen, für Deutschland eine Krippe, eine Missionsstation, ein Kristallisationspunkt – ein Musenchorzimmer und ein Buchmarktvorzimmer. Sie leisten die Verständigungsarbeit, die nötig ist, damit die Länder Europas sich begegnen können, zueinanderfinden auch in harten Zeiten, in denen die Ränder sich aufzulösen drohen. Genau an diesen Orten haben Sie Blauhelmfunktion! Camus meinte,

Übersetzer wären verwegene Kämpfer, die den Turm zu Babel angreifen … *ich* sehe: Sie klären auf, hören zu, kommunizieren. Ihre Arbeit ist in tiefem Sinne humanitäre Arbeit, dem Gedächtnis unserer Zeiten, Sprachen und Sprachwelten gewidmet, den Leserinnen und Lesern zur Erbauung und Information zugedacht und im besten Falle: den Verfassern treu.

Ich gratuliere dem Verband der Literaturübersetzer hier in Wolfenbüttel, dem legendären Ort der vielen Zungen, sehr herzlich zum 60. Geburtstag, wünsche Kraft und Durchsetzungsvermögen für die Ideale, die es braucht, und Freude jedem Einzelnen an seinen Taten und Worten, die in den Dienst der Übersetzung gestellt helfen, die Welt zu literarisieren. Und Sie wissen ja, wer lesend ein Buch in Händen hält, der kann nicht gleichzeitig eine Waffe auf einen anderen richten.

Es sprach zu Ihnen die Dichterin, die sich ein Ursprungsalphabet gegeben hat, dessen Anspielungen und Hakenschlägereien Sie nicht anwenden könnte, ohne die große Tradition der Übersetzer auf der Welt:

Ursprungsalphabet

Ich bin
***A**riadne, die dem Faden, dem roten, wollenen folgt*
***B**riseis, die Achilles diente*
Bin
***C**alypso und singe für Odysseus und wünsche, dass er mich nicht verlässt*
***D**iana, Göttin mit dem Silberbogen, Silberpfeil, die Mondzicke*
*Ich bin **e**in guter Maler und heiße Hitler*
I am
***F**erlinghetti crying over Allen*
***G**uanin, der DNA-Bauer, der Knecht*

Hadrian und baue eine Mauer mir zu Ehren, dem Reich zur Wehr
Ich auf Freuds Couch
Jonas im Walbauch mit
unendlichem Vertrauen
Bin
Kassandra, die ständig spricht, doch keiner hört
Langsamkeit, mit der ich vergesse und an die ich anschließe
Medea, die deiner Geliebten ein Kleid näht, den Kindern die Köpfe verdreht
Ich bin
Nora, der du ein Puppenheim baust
Ochsenfrosch, denn das ist die Liebe zwischen Frida und Diego
Proteus, denn ich will allen gefallen und hüte die Robben am Strand
Ich war die **Q**ual des Laokoon ebendort, wo die Wellen brachen
Ich bin **R**ilkes Panther-Tierpfleger
Sybille, **S**ybilla, Cybil – who cares – I speak in riddles
Ich bin **T**on aus Erde aus Sediment aus dem Adam entstand
D**u** bist der Hauch und unsinkbar
Ich bin **V**erlorenes am Wegrand, ein Stein, den einer lange mitgetragen hat
Warten auf den Läufer aus Marathon, dem Fenchelfeld
X-Men, die Weltretter, die Ahnen der Tafelrunde
Ich bin z**y**nisch, Baby, zynisch
Ich bin **z**

Rede zu 10 Jahren Voland & Quist

Werte Herren Greinus und Wolter,
lieber Leif, lieber Sebastian,
verehrter Voland, hochgeschätzter Quist,

mit euren Familien, mit Britta und Sandra, den Töchtern Nora, Liv, Carolin und dem kleinen Niklas, euren Wahlverwandten, Verlagskräften, -unterstützern und im Namen aller herbeigeeilten Gäste begrüße ich euch mitten in eurer Feierstunde.

Ihr habt mich um ein paar Worte zu eurem Jubiläum gebeten, dem komme ich gerne nach. Irgendwie gibt es mir ein Klassensprechergefühl, das ich auf keinen Fall missbraucht wissen will: Liebe Kolleginnen Autorinnen und Kollegen Autoren, ich versuche im Namen von euch allen zu sprechen und habe und bin doch nur das eine Zünglein an der Waage.

Wohlgerundet ist diese 10, die wir mit euch feiern dürfen, liebe Herren Verleger. Diese 10, die uns zu euch eilen lässt mit Blumen, Bonbons, Pauken und Trompeten, einem geschmückten Elefanten, zahllosen Ballons, einer riesigen Torte, in der gleich zwei Stripperinnen auf ihren Auftritt warten, diese 10, in deren Werden ihr zu echten Verlegern wurdet, zu Geschichtensichtern, Sammlern, Vertragspartnern, Visionären, Abrechnungsgequälten, Erfüllern von Träumen und Absagenverfassern. Diese 10, in deren Werden wir euch, den Teufel Voland und den Friedensstifter Quist, miteinander ringen und siegen sahen – in denen sich bestärkte, dass Lyrik, Spoken Word, Prosa in Übersetzung und im Original, Kinderbücher, Anthologien, Essaysammlungen, Kalender, CDs, DVDs, sogar kleine Reggaehasenstofftiere friedlich in Koexistenz erscheinen konnten und ein Verlagsprofil durch diese Vielfalt nicht verwässert, sondern eher von Strömungen, Stimmungen durchflutet wird.

2004 hat sich das Geschäft für euch eröffnet. Vom damaligen Schwerpunkt der Slam- und Spoken-Word-Früchte-Erntehelferei seid ihr mittlerweile ferner und habt damit die Veränderungen in der deutschen Literaturszene maßgeblich begleitet, ja geprägt. Euer Markenmerkmal der CD zum Buch, im Buch zu einem Preis, gemeinsame Medienhochzeit in einem Deckel, das ist aufgegangen und verblüfft nachhaltig.

Ihr seid mit uns Autorinnen und Autoren in einem Boot verantwortungsvoll in die Literatursee gestochen, vorbei an den Monstern E-Book-Skylla und Preisbindung-Charybdis. Ihr habt uns Wachs in die Ohren geträufelt, um uns die lockenden Stimmen anderer Verlage überhören zu lassen … auf dass wir Treue üben und genießen lernen konnten. So ist etwas Erstaunliches entstanden, was die Schriftstellergeneration vor uns stets als Verlagsfamilie bezeichnet hat. Ich möchte es Patchwork-Verlagsfamilie nennen. Denn in der Tat sind wir eher wahlverwandt, jeder für sich selbst stehend, jeder aber auch mit einem Zimmer in eurem Verlagshaus bedacht. Ich stelle mir das so vor: ein Kolonialbau mit großzügigen Räumlichkeiten, auch Gemeinschaftsräumen selbst für die kleine Sparte der Lyrikvertreter. Marlen Pelny, Bas Böttcher, Nina Sonnenberg, Lydia Daher und ich sitzen und kleben und malen und sprechen laut vor uns hin und auf derselben Etage die Repräsentanten der Lesebühnen und des Spoken Words: Ahne, Spider, Volker Strübing, Stefan Seyfarth, Tube, Marc-Uwe Kling, Jaromir Konecny, Wolf Hogekamp, Micha Ebeling, Michael Bittner, Roman Israel – als ich an dieser Stelle weitermachen wollte, um den Satz beenden zu können, musste ich auf eurer Webpage bemerken, dass ich längst nicht mehr auf dem neuesten Stand der Bewohner eures »Hauses« bin. Anna Mateur, Rainald Grebe, Kirsten Fuchs, José F. A. Oliver, Erwin Krottenthaler, Jaroslav Rudiš, Jaromír 99, Michael Stauffer und so viele andere sind dazugekommen, sind entdeckt worden, haben von euch Brot und Butter, Stift und Plattform erhalten, Buchseiten und Ermutigungen, Arschtritte und lange Telefonate.

In der Programmsprache eures Verlags habt ihr euch für eine bestimmte Art der Prosa entschieden und in ihr: für Grenzgängerschaft. Na, im heutigen Europa eher für Wanderschaft auf den nun als Graspfaden sichtbaren ehemaligen Grenzübergängen mit zum Teil völlig verlassenen Posten – dafür habt ihr euch entschieden. Und was ihr damit, mit der Literatur aus Tschechien, Ungarn, dem ehemaligen Jugoslawien, dem Osten Deutschlands (und für eine in Bayern sozialisierte Person wie mich gibt es »diesen Osten«, den es zu ergründen gilt!) und neuerdings Belarus mitteilt, das erzählt uns das Unfassbare in Ausschnitten eines Gesamtpuzzles nach: das Zusammenwachsen Europas, das Verzichten auf Grenzen, wo sich doch derzeit mentale Verengungstendenzen abzeichnen. Damit leistet ihr einen großen Beitrag. Schon 2010 sah die Jury des Kurt-Wolff-Förderpreises diese Tendenzen in eurem Verlagshaus und hängte eine würdige Plakette an eure Türe, durch die wir ein und aus gehen zu euch und von euch weg, um immer wieder zu euch zu kommen, zu offenen Ohren und ernsthaftem Interesse an unserer Arbeit.

Oft beneide ich euch aber nicht. Ich würde an eurer Aufgabe leiden, denn sie ist groß. Ständig müsst ihr an euer Haus anbauen, Reparaturen zahlen, hart sein, ablehnend, Enttäuschungen ertragen – ja, nicht nur Autoren, auch Verleger werden ständig (und auch von ihren Autoren) enttäuscht! Ich leite ein anderes Haus mit drei Dependancen. Ich weiß, wie unangenehm manche Aufgabe in einem anklingt.

Aber auf jeder Buchmesse sieht man euch beherzt, freundlich, gut gekleidet, gut riechend, aufgeräumt mit einem Blick auf das Wesentliche: Bücher, Autoren und Geschäfte mit dem fragilen Werkstoff Text – fragil auch deswegen, weil eure Spinner, wir Autoren mit unseren Ideenspinndrüsen, einfach nicht immer einwandfrei funktionieren, produzieren usw.

Dass ihr persönlich wohlbalancierte Wesen seid, das will ich auch euren Frauen, Familien und Freunden zurechnen, die es ebenfalls heute zu feiern gilt. Während der zehn Jahre seid ihr Väter geworden, habt Sprachfindung in euren Kindern erlebt, habt den Blick erweitert auf Musik und andere Formen für eure Arbeit. In jedem Gespräch, das ich mit euch führe, tauchen die Kinder auf, der Stolz auf das gemeinsam mit ihnen Erlebte.

Wenn ich bei euch anrufe, heißt es oft, der oder der seien im Urlaub. Ich schätze das. Ich bewundere das: Da haben zwei Respekt vor ihrer Arbeit UND vor ihrem Privatleben. Denn wer viel lesen muss – und das wissen wir in diesem Raum – der nimmt an Leben, echten und fiktiven, teil – und das braucht immer wieder Pausen, wenn man es denn ernst meint.

Euer Ernst und wohl auch euer Ehrgeiz haben in den letzten Jahren Musik einfließen lassen. Sebastian hat sich privat mehr und mehr den Turntables und dem geliebten Vinyl gewidmet, wird heute Abend auflegen, seine Autoren tanzen lassen. Das Fuck Hornisschen Orchestra ist im Verlagsprogramm aufgetaucht wie die erwähnten Anna und Rainald und die Schöpfer um Boooo, den Reggaehasen. Auch für das Wortart Ensemble und seine Sänger habt ihr die Ohren geöffnet. Eure Bestseller: der Kalender von Marc-Uwe Kling, Jochen Schmidts gigantische Proust-Nachlese, die schwarz-weiße Welt um den Bahnwärter Alois Nebel, die zahlreichen künstlerischen und grafischen Talente, die ihr versammelt – die Freude, mit der wir Autorinnen und Autoren von nah und fern zu euch anreisen … sie alle sind Garant für unsere Dankbarkeit, die nach zehn Jahren leicht buchstabiert werden kann.

Eure reizenden Mitarbeiterinnen und Mitarbeiter des Verlags und des Bookings – auch die Troublemaker der Vergangenheit – die ihr ausbildet und beschäftigt, sind für die Wahrnehmung nach außen wichtig. (Mit Tomke Dünnhaupt habe ich persönlich schon so manche Stakkato-E-Mail in völligem nahezu wortlosem Einverständnis ausgetauscht. Auch dir sei Dank stellvertretend für alle, die sich dem Teufel und dem Friedensstifter angeschlossen haben.) Hierbei sind auch eure Kontakte zu Journalisten, Veranstaltern, Stiftungen, Buchhändlern, eure Leute für den Vertrieb für nahe und ferne Länder, die Übersetzer in euren Diensten zu loben und zu nennen, ohne die Literatur im wahrsten Sinne beschränkt, weil ortsgebunden, sprachgebunden wäre. Wir alle sind abhängig von freundlichen Empfehlungen, lebhaften Plädoyers für unsere Bücher in kleinen und großen Buchhandlungen an oft grauen Wochentagen nach langen Autofahrten mit schweren Buchkoffern oder datenvollen iPads. Da ist es wichtig, dass diese »Laudatoren im Kleinen« sich als Emissäre von Voland & Quist verstehen, als Unterstützer, gut informiert und leidenschaftlich für die Sache. Quasi als unsere Streitwagenfahrer mit ordentlichen Spikes an den Rädern, um den anderen Verlagen auch mal den Rang im Regal abzulaufen …

Besonders in den orientierungslosen Zeiten, als man nicht recht wusste, ob die Nation verrückt geworden war über der

Frage, welchen neuen Haken die Wanderhure ihren Followern und vor allem ihren Wegelagerern geschlagen hatte, habt ihr euch bravourös die Stiefel angezogen und seid mitmarschiert. Mit Autor Julius Fischer hinein ins Herz eines kleinen Skandals. Dreckig, lustig und schön, so wie sie sein müssen. Dass ihr dann gewonnen habt, war eher nebensächlich. Aber irgendwie auch dreckig, lustig und schön. Gerade wandernde Huren brauchen ja schließlich Verzeichnisse von Wanderwegen. Es ist wichtig, dass diese wieder im Handel bestellbar sind und nicht unter der Theke gehandelt werden müssen.

Ich fürchte, diese Rede ist schon viel zu lang. Die beiden Stripperinnen in der Torte sind wahrscheinlich schon ohnmächtig … und noch immer sind nicht alle 72 Autorinnen und Autoren, Musiker und Grafiker in eurem Verlag namentlich erwähnt. Ich bedaure dies, weil wir ja alle Teil einer so guten Sache sind: 10 Jahre Voland & Quist, keine 13. Schmollfee, die nicht eingeladen ist. Das ist viel wert nach einer Dekade, vor allem für die nächste Dekade, die wir alle euch und, weil wir alle Narzissten sind, uns mit euch wünschen.

Lieber Leif, lieber Sebastian,
macht weiter, bleibt sauber, habt Spaß an uns und mit uns.
Denn wir sind alle: wahnsinnig.
Gut. Wir,

eure Dichter und
eure Denker.

Es war zweimal

Rede zum 1100. Jubiläum der Stadt Kassel

Sehr geehrte Honoratioren, sehr geehrte Festgäste von nah und fern, hochverehrte Kasseler Bürgerinnen und Bürger,

ich gratuliere Ihnen zum Geburtstag Ihrer Stadt, die ich auf Fahrten und Gängen kennenlernen durfte, die mir Aufenthalt und einen großen Preis gespendet hat. Ich bin geehrt und fast überfordert damit, Ihnen – ja, warum ich? Gerade Ihnen!? – zum Thema Märchen eine weitere Eule nach Kassel zu tragen. Sie sind, das weiß die ganze Welt, wenn nicht »documenta«, dann »Märchenzentrale«.

Als sich die Brüder Grimm anschickten, das Land abzuwandern und dabei Geschichten abzufischen wie Fischer ihre Teichfische, den Alten und den Jungen genau auf die Lippen zu schauen und vor allem zu lauschen und darauf allerlei Herziges, Rührendes, Blutiges und Relevantes zu finden, da taten sie dies eher märchenhaft idyllisiert. Denn eigentlich blieben sie recht freudig in Kassel an ihren Schreibtischen sitzen und ließen andere zu sich kommen, um deren Geschichten zu erlauschen – Feldforschung in Sachen Volksgut direkt aus Kassel heraus.

Die zum Teil in ihrer Zeit und unseren Zeiten berühmten Zuträger und Zuträgerinnen der Märchen – die meisten bürgerlich, weiblich und gebildet – blieben lange anonym, wahrscheinlich auf eigenen Wunsch. Vielleicht, weil das Sich-Abgeben mit Kindergeschichten, also eher Nebensächlichem, als unschicklich galt. Als Angabe zur geographischen Herkunft der Zitate hieß es im Vorwort der Kinder- und Hausmärchen lediglich: »aus Hessen« oder »aus den Maingegenden«. Die Märchen, die wir kennen und schätzen, stammen zu großen Teilen aus der Kasseler Welt, auch dank dem Kasseler Bürger Dragonerwachtmeister Johann Friedrich Krause, der bei den Grimms Märchenerzählungen gegen gebrauchte Kleidung eintauschte.

Durch diese Erzählpraxis, und durch ihre Märchensammler und -bewahrer, hat diese Stadt einen Exportartikel, der heute noch international präsent ist, auf materieller Ebene vielleicht nur vergleichbar mit der Colaflasche. Von Klein-Langlang in China, zu Avishpa in Neu-Delhi, zu Nadja in Moskau, Klein-Shannon in Jena-Paradies über Tamara-Beonce in der Bronx kennen alle das Rotkäppchen, wissen vom Wolf und seiner Speisefolge, bevor er den Bauch wieder aufgeschnitten bekommt und um eine unverdaute Großmutter und Rotkäppchen erleichtert werden kann. Die »Kinder- und Hausmärchen« der Brüder Grimm sind neben der Luther-Bibel die bekanntesten Bücher deutscher Sprache. Die Welt ist somit auf eine wunderbare, sehr humanistische Art und Weise auch durch Märchen verbunden.

Die erste Sammlung von 86 Texten gaben die Grimms 1812 heraus. Letztes Jahr hat diese Sammlung und haben damit die Grimms 200-jähriges Buchjubiläum gefeiert. Jacob und Wilhelm waren aber nicht die einzigen Märchensammler. Schon vor den Brüdern hatte Johann August Musäus 1782 eine Volksmärchensammlung vorgelegt, ebenso Wilhelm Günther und der grimmsche Namensvetter Albert Ludewig Grimm. Die Zeiten waren bzw. wurden danach, man sammelte das alte Textgut und bewahrte es. Bechsteins Märchensammlungen erschienen etwa vierzig Jahre nach den »Kinder- und Hausmärchen« der Grimms und waren zunächst sogar wesentlich populärer als deren Ausgaben.

Zeitgleich erfand Hans Christian Andersen in Dänemark zahlreiche Märchen, und so begann sich das schier unerschöpfliche Füllhorn der »Kleinen Mär« mit Volksmärchen und Kunstmärchen in die deutsche, frisch geborene Germanistik zu ergießen. Die Texte wurden sichtbar, weil lesbar, und hörbar, weil einander mitgeteilt. Sie rückten somit in die gesellschaftliche Wahrnehmung und gewannen selbst, wie auch ihr Studium, an zunehmender Akzeptanz – ganz gegen Wilhelm Schlegels anfängliches Urteil, der die Beschäftigung mit ihnen als »Albernheit« abtat.

Märchen, obwohl als Wort eine Verkleinerungsform, ja eine Verharmlosung der Textgattung Mär, sind kein bloßer Kinderspaß. Schon die Brüder Grimm betrachteten sie als Instrumente der Erziehung, allerdings weniger pädagogisch ausgerichtet als vielmehr weltbildend. Schließlich – und das wissen wir spätestens seit Goethes »Dichtung und Wahrheit« – hat die wahre Darstellung »keinen didaktischen Zweck«. Leser der Märchen sollten durch deren ursprüngliche Sprache und die kraftvolle, oft magische inhaltliche Gestaltung daran gemahnt werden, dass die Welt ein sich beständig verändernder Ort ist und man den auch als nebensächlich verstandenen Erscheinungen Sorgfalt und Augenmerk angedeihen lassen muss. Frauen und Kinder und was sie taten und zu berichten hatten galten zu diesen Zeiten als nebensächlich. Von Frauen wurden keine literarischen Großtaten erwartet, ja die bloße Fähigkeit dazu wurde generell in Abrede gestellt.

Bei meiner letzten Lesereise durch Russland ist mir übrigens eine ähnliche Haltung begegnet. Es fragten mich meine männlichen Dichterkollegen: »A poet and a woman? Why? What do you write about? Why not have many babies and less poetry?« Und so war es bestätigt, dass auch jenseits des Urals manches noch der Aufklärung harrt.

So haben die Grimms den Blick, nicht nur ihren eigenen, sondern den ganzer Folgegenerationen auf das gerichtet, was in ihrer Zeit über kurz oder lang – weil veraltet und wertlos – gänzlich aus dem Gedächtnis abgekoppelt hätte werden können.

Steffen Martus spricht vom »Pathos des ›noch‹«, das allen Schriften der Grimms innewohnt.

Noch – so der Glaube der Grimms – könne man durch das Aufschreiben der Erzählungen nicht nur ganze Geschichten und damit Motivsammlungen bewahren, sondern auch regionale Spracheigenheiten und ganz generell alte deutsche Poesie, die – weil so stiefmütterlich oder gar nicht behandelt von der Wissenschaft – bedroht wäre, gänzlich in Vergessenheit zu geraten. Die Grimms handelten also, weil sie den Bedarf für sich erkannten, weil sie einen zu hebenden Schatz wähnten, wo andere achtlos vorbeiliefen.

Die große Kraft von Märchen heute wie damals liegt in ihrer Formstabilität bei scheinbar unendlicher Flexibilität. Es kann ihnen keiner so richtig etwas anhaben. Im Gegenteil. Walt Disney hat Schneewittchen zum Weltstar mit Zwergen-WG gemacht und hat dem Prinzen gleich noch einen Namen verpasst, den amerikanische Mädchen heute noch seufzen: »Prince Charming«. Er soll charmant und galant sein, und wenn es daran mangelt, ist er nicht der Richtige. Ach ja, im Zweifelsfall ist er auch am weißen Pferd oder der weißen Limousine zu erkennen. Die Märchen und vor allem ihre Verbreitung im Bereich der Popkultur haben einen starken

Einfluss auf die Formung heutiger Rollenbilder gehabt. Das geht so weit, dass manche Kindergärten eine Keine-Märchen-Politik betreiben und gleich gar keine mehr lesen, weil sie sie als sexistisch, grausam und daher als gefährlich für junge Gemüter, die der Mädchen wie der Jungen, einstufen. Ich weiß, wovon ich spreche, durch meine eigene Familie verläuft so ein Märchengraben: Bei der Schar meiner elf Nichten und Neffen wurden fünf ohne Märchenlektüre aufgezogen. Es ist dann seltsam, einem Zwölfjährigen von einer sprechenden Katze in Stiefeln zu erzählen und ihn ins Kino zu schicken, um die Wissenslücke zu schließen. Den Märchen kann aber selbst das mitunter verbreitete Unwissen über sie im Grunde nicht viel anhaben.

Es ist übrigens ein nicht aus der Welt zu räumendes Gerücht, alle Märchen begännen mit der Formel: »Es war einmal«. Dabei wird die bekannte Eröffnungsformel nur bei etwa 40 Prozent der Geschichten verwendet. Und um das klarzustellen: Der Architekt des Hexenhauses, in dem Hänsel und Gretel Aufnahme finden sollen, hat es aus den bewährten Baustoffen Brot, Kuchen und Zucker aufstellen lassen, nicht aus Lebkuchen. Die hatten sich ja schon bei den drei kleinen Schweinen und dem pustenden Wolf nicht sonderlich bewährt – oder bringe ich hier etwas durcheinander?

Die genaue Analyse in diesem besonderen Falle ist in dem köstlichen Buch »Die Wahrheit über Hänsel und Gretel« von Hans Traxler übrigens nachzulesen!

Märchen vertragen heutzutage eine grimmende Karen Duve, die sich an eine Neuerzählung wagt, in der sie literarisch die feministische Brennlinse über die alten Seiten bewegt, Ungeheuerliches ironisch hervorhebt und treffend auf den Punkt bringt. Auf Super RTL kann man jeden Mittwochabend das Erbe der Brüder Grimm in der amerikanischen Serie »Once upon a time« nachverfolgen und staunen, wie sich alles vormals

Hessische nun an der Ostküste der USA abspielt … Das ist aber gar nicht so weit hergeholt, denn auch der kopflose Reiter aus »Sleepy Hollow«, der Gruselgeschichte von Washington Irving, war ein hessischer Söldner in Neuengland, als er noch alle Sinne beisammenhatte und seinen Kopf auf den Schultern getragen hat. Übrigens taucht auch er in den Sammlungen der Grimms auf.

Die Märchen vertragen Opern- und Operettenfassungen und sogar Hänsel und Gretel als kickboxende Expertengeschwister auf Hexenjagd im Kino. Feministische und psychoanalytische Theorien und Fragestellungen können an ihnen erprobt und als Vorbilder für sonnigere Gemütslagen ausgebildet werden, denn im Märchen fällt das Gute schließlich denen öfter zu, die sich unverzagt und froh-naiv an Neues wagen, und nicht denen, die um jeden Preis taktisch wollen und fordern.

Durch die Märchen hat der Apfel seinen Status als Verführerfrucht mit beinah fatalen Verzehrsfolgen untermauert und es Steve Jobs ermöglicht, ein Weltunternehmen in diesem Zeichen zu führen. Sprüche und Lieder aus den Märchen werden oft erstaunlich inakkurat erinnert. Ich erinnere mich an das podologische Wellness-Schuhgeschäft mit dem klingenden Namen »Ruckediku« in Berlin und schlage den Kolumnisten für den nächsten Skandal den Titel vor: »Wenn das deine Mutter wüsste, das Herz im Leib tät ihr zerspringen!« Am Staatstheater Kassel ist es unter anderem Rebekka Kricheldorf, die mit Märchenstoffbearbeitung aufwartet und mit dem Theaterstück »Testosteron« uns allen noch einmal den, der auszog das Fürchten zu lernen, als denjenigen erkennen lässt, den die Gesellschaft heute auch gewinnbringend instrumentalisieren kann. Wie sehr die Märchen im Jetzt stehen, zeigt die aktuelle Debatte und Forderung um Vokabeländerungen in alten Texten. Wo »Negerlein« zur »Person dunkler Hautfarbe« wird, wird »Hexe« sich auch die Umformung in »gesellschaftlich meist randständige, weise und in alternativen Heilmethoden bewanderte weibliche Persönlichkeit« gefallen lassen müssen. Da wird dann allerdings die Seitenzahl in den neuen Märchenausgaben drastisch ansteigen.

Ich wage mich hie und da an Märchen heran, Märchenfiguren treten in meinen Gedichten als Stimmen auf, ihre Formeln rhythmisieren auch meine Sprache. Als es für meinen neuen Lyrikband darum ging, »Monster« zu identifizieren, habe ich das Rotkäppchen, den Wolf und auch den Jäger mit dem Begriff »Jäger« belegt und alles Jagende im Hinblick auf die Verfolgten als monströs beurteilt. Im Text »Erzähl« beziehe ich mich auf Rumpelstilzchen und beim »Froschkönig« auf ebendiesen. Der »Froschkönig« ist übrigens das erste in den »Kinder- und Hausmärchen« und von den Grimms als einer der ältesten Texte identifiziert worden.

Eine japanische Freundin habe ich gefragt, wie sie sich den Ort vorstellt, an dem die berühmten Brüder Grimm gewirkt haben. Und die Antwort lautete wie folgt: »sehr schattig, wahrscheinlich ein Wald, auf jeden Fall ein Ort dunkel genug, einem sprechenden Wolf begegnen zu können.« Ich habe selbstverständlich klargestellt, dass es sich im Falle Kassels heute um eine äußerst helle Stadt handelt, eine, die sich neben zahlreichen Museen auch einen revolutionären kleinen Kunsttempel leistet und erhält, gleich vor dem Rathaus. Kassel sei – so versicherte ich ihr – trotz herrlicher Parkanlagen kein Ort, an dem man Gefahr liefe, einem Wolf zu begegnen, schon gar nicht einem sprechenden Exemplar. Um das zu untermauern, habe ich im Zoo am Rammelsberg angerufen und mich erkundigt. Das ging so:

Guten Tag, mein Name ist Nora Gomringer.
Hallo, hier Zoo am Rammelsberg, wie können wir helfen?
Beherbergen Sie bei sich einen sprechenden Wolf?

Nein, das tut mir leid. Wir hatten noch nie Wölfe.
Vielen Dank für die Auskunft.
Gern geschehen.

Wo sonst in der Welt kann man anrufen, ohne Hohn und Spott zu ernten, wenn man sich ernsthaft nach einem sprechenden Tier erkundigt? Wohl nur an einem Ort, an dem das Wünschen noch hilft. So ein Ort scheint mir Ihr schönes Kassel zu sein.

Sehr geehrte Damen und Herren, verehrte Kasseler Bürgerinnen und Bürger, ich gratuliere Ihnen zu Humor und Gelassenheit im Angesicht so manch stürmischer Entwicklung, seien diese von renommierten Künstlerinnen und Künstlern in die Stadt getragen, von den Grimms hier ausgesessen worden oder in Ihrer Zukunft enthalten.

Es soll doch immer heißen:

es war einmal
und wenn sie nicht
dann hatten sie schon
und überhaupt
ist das doch gar nicht
wahrscheinlich, aber
schon möglich
dass wir hier über
eine Frau mit Fischschwanz
oder einen Kreideschluckenden
reden, als ob das alles
irgendwie denkbar
zumindest vorstellbar
wie die Sache mit dem Schuh
dem Ruckedigu
und siehe da:

sie sind tatsächlich nicht …
denn leben, ja, leben tun sie
damals wie
heute!

Vielen Dank und mögen Sie die Märchen nicht nur als Lektüre für die jüngeren Menschen Ihrer Haushalte aufsparen, sondern sich selbst immer wieder mit ihnen beschenken.

Einen guten Abend wünsche ich.

BACHMANNPREIS-TEXT

Recherche

Ausgezeichnet mit dem Ingeborg-Bachmann-Preis 2015

Ist das Mikro an? Test, Test.

Ist das Mikro an? OK, also ich hoffe, so geht's.

Hallo. Hallo. Erster Tag.

Mein Name ist Nora Bossong, ich schreibe einen Text, beziehungsweise … Shit.

Mein Name ist Nora Bossong, das hier ist die Recherche zum Text »Der Gott der verlorenen Dinge«. OK.

Erster Tag.

Ausschlag. OK. Recording läuft. OK.

Ich besuche Familie Terp. Frau Terp lebt mit ihrer Tochter Evelyn im 5. Stock, Gönnerstraße 18.

Sie trägt einen roten Mantel, als sie an unserer Tür klingelt. Und sie ist so schmal, dass ihr roter Mund wie ein breiter Briefschlitz in ihrem Gesicht aussieht. Sie soll knapp über dreißig sein. Sie sieht aus wie knapp über zwölf. *Mama!*, rufe ich, ohne dabei mein Gesicht von ihr abzuwenden. Wie ich es in Psychothrillern gesehen habe, lege ich den Kopf etwas schräg und sehe sie an. Intensitäten aufbauen. Intensiv sein. Herr Mack sagt das immer. Hier kann ich das mal üben. *Mama!*

Eve, musst nicht so schreien, so rufen. Ich bin schon da. Guten Tag, kommen Sie rein, Frau Bossong. Eve, mach mal Platz und lass Frau Bossong hereinkommen. Hier entlang, kommen Sie nur rein. Schuhe können Sie anlassen, ich hab eine Zugehfrau, die kommt einmal die Woche, damit wir die Schuhe anlassen können. Ist alles gut.

Frau Terp, vielen Dank, dass Sie mich empfangen in Ihrer Wohnung. Mit Evelyn, Ihrer Tochter, sitzen wir nun auf dem Sofa und können hinaussehen bei klarem Himmel über die Dächer der Stadt. Sagen Sie mir, wo sein Zimmer war?

Eve, geh doch bitte noch mal schnell die Kaffeesahne holen, die hab ich rechts beim Herd abgestellt. – Moment bitte! Siehst du sie? Bring die im kleinen Krugding, ist so ein Kännchen. Ja, genau. Bring die.

Ich bewege mich langsam, will, dass diese Frau Bossong spürt, dass ich nicht so einfach zu durchschauen bin, dass ich mehr bin als die Oberfläche meiner 22 Jahre. Ob sie sehen kann, dass ich nicht weiß, wie man einen Mann oral befriedigt? Also von der Theorie her weiß ich's schon, aber so richtig, mein ich. Ob sie sieht, dass ich ein bisschen Schuld trage, aber nur ein bisschen? Also im Vergleich. Ob sie die Gefahr sieht, in der sie hier schwebt?

Entschuldigen Sie bitte. Sie fragten?

Nach seinem Zimmer.

Ach ja. Hier die Sahne!

Und während zwei der drei Frauen eine traurige, wunderliche Geschichte in ein kleines Gerät sprechen, werden vor dem Gebäude die restlichen Blumensträuße entfernt. Ein, zwei

Teddybären liegen noch herum, die Felle vom Regen verklatscht. Und es steht ein Mann mit fischgrätigen Zähnen nahe der Erle, dessen Kiemen sich spreizen, der unter Wasser wie an Land atmen kann, den keiner kennt, den nur wenige sehen, wenn sie ihn ansehen. Einer, der viel Zeit hat. Und in diesem Übermaß an Zeit Menschen beobachtet. Manchmal auffrisst.

Das Gespräch mit Frau Terp hat mich ratlos gemacht. Trotzdem bleibe ich beim gefassten Plan, die verschiedenen Stockwerke abzufragen. Die Leute zu interviewen, die mir öffnen. Vielleicht muss ich am Ende noch mal zu Terps hinauf, um Fragen zu eruieren. Warum im selben Haus, die Familie ohne Mutter, warum hier, hat denn keiner? Fragen solcher Art.

Guten Tag, Frau Bossong, mich hat Ihr letztes Buch sehr beeindruckt. Ob Sie es mir signieren würden?

Oh, das hatte ich gar nicht erwartet, dass jetzt hier so eine Begegnung. Aber gerne. – So? Darf ich Sie zu den Vorfällen im Haus und zum 23.2. befragen?

Nein.

Ach so. Ich dachte – und wenn Sie fürchten sollten, dass ich. Dem. Ich. Alles, was Sie mir sagen, werde ich verfremdet in meinen Text einbauen, es wird keiner realisieren, wer.

Guten Tag, Frau Bossong.

Natürlich schließe ich die Tür. Ich sperre dieses kleine Gesicht aus und gehe mit meinem signierten Buch ins Schlafzimmer. Schöne Handschrift hat die kleine Frau. So eine Art Rezepthandschrift. Kaum leserlich. Wer war der letzte Autor, den ich gebeten hab, mir sein Buch zu signieren? Ach, Grünbein. Auch Lyrik. Aber hier hat Bossong einen Familienroman geschrieben. Unterhaltsam, verzweifelt, klug. So wie sie aussieht. Wie sie jetzt geguckt hat, als ich sie nicht hereingelassen habe. Ob die Terp sie? Ach, sicher hat die olle Frau Terp sie reingelassen. Und die lustige Tochter dazu. Schauspielschülerin an einer Privaten. Guckt immer so »DeNiro«. Die glauben natürlich, ich wüsste all diese Dinge nicht, weil ich mit keinem spreche, wenn ich im Treppenhaus gehe. Aber ich lese ja. Und ich denke dann auch. Und ich höre gut. Du musst dringend mal aufstehen. Nein, wirklich. Du verpasst schrecklich viel. Und ich kann nicht wirklich gut für uns beide leben, also für dich mitleben. Wo leg ich nun die Bossong hin? Deine rechte Kniescheibe ist nur mit einem schmalen Werfel bedeckt. Immerhin auch eine signierte Ausgabe. Franz Werfel, Wien. Keine Jahreszahl. Wann war Werfel in Wien? W-Fragen. Wenn Germanisten sterben, hinterlassen sie viel mehr W-Fragen als andere Leute. Also leg ich die Bossong auf den Werfel auf dein Knie. Worin besteht unsere Zweisamkeit noch? Du auf der einen Bettseite bedeckt von Büchern und Schriften. Ich ganz leer auf der anderen. Nur immer voller Klage. Ach, dass sich nie einer wundert, wo du bist. Seit sechs Monaten fragt keiner mehr. Nur Frau Bossong kommt klingeln und hat diesen Zettel ins Haus gehängt. Sie wolle uns alle interviewen. Die große Frau Bossong vor unserer Tür. Tja. Es sind wieder diese Tage, in denen der Wettbewerb bei 3sat gezeigt wird. Ich stelle mir sogar den Wecker dafür. Mitten am Tag.

Und ich sehe mir an, wie sie die jungen und mitteljungen und alten Autoren zerlegen. Ihnen ihre Zähne ins vom Sitzen weiche Fleisch hauen. So haben wir das ja immer ein bisschen gespielt. Wir zwei, die die Hälse nicht voll bekamen von der Gelehrsamkeit, die einander die Speise *Text* fütterten. Wann werden wir weitermachen? Wo werden wir wahr? Die Bachmann hat's verrückt. Malina und die Briefe. Ich muss das alles neu aufschichten. Bewege ich mich so viel in der Nacht? Du ja wohl kaum.

Und so ist es die stille Germanistin, ehemals eine Professorin der Universität Bern, die beginnt, in die ausgeformte Kuhle auf der Bettseite ihres Partners viele Schriften neu zu türmen, umzuordnen. Selten trauerte es sich so ausführlich in der Gönnerstraße 18. Gegen 17 Uhr kommt ein junger Mann, relativ klein, relativ eifrig und bindet der Professorin für einen kurzen Moment mit einem herrlichen blauen Band aus Taft – das hat sie sich ausgebeten – die Luft aus der Kehle ab. Das ist ein Ritual, das zweimal in der Woche vor sich geht, das oft über den Facebook-Chat verabredet wird, das der Professorin für einen kurzen Moment wieder Lust auf das Leben macht. So kann sie noch eine Weile weitermachen. »Wann kommst du wieder?«, fragt sie den jungen Mann, der einen Tag nennt und wieder eine Uhrzeit, dem sie einen Schein zusteckt und ihn entlässt. Er soll etwas davon haben, einer Frau das Leben durch den kurzen Blick auf den Tod so zu erhellen.

Hallo? Also klopf ich noch mal. Mannomann. Hallo? Herr Thomas – ach, super, dass Sie da sind. Ich bin Nora Bossong. In den nächsten Tagen versuche ich, hier im Haus ein paar Daten und Informationen zum 23.2. dieses Jahres zu erhalten. Vielleicht haben Sie meinen Zettel im Hausflur gesehen? Ich bin Schriftstellerin.

Tach.

Hallo, Herr Thomas. Ob ich Ihnen ein paar Fragen stellen dürfte? Ich störe auch nicht lange.

Ja.

Darf ich reinkommen?

Ja.

Bei Herrn Thomas ist alles durcheinander, einschließlich Herrn Thomas. Die Tageszeit, die Jahreszeit, sogar die richtigen Namen für die dazugehörigen Dinge. Herr Thomas ist wie in der Geschichte von Bichsel einer, der die Tasse Tisch nennt und die Frau Messer. Wenn er spricht, hört er sich an wie der verrückte Hutmacher:

Reinkommen. Auffliegen. Liegen bleiben. Kaffee anbieten, Saft pressen, Ei kochen, Messer wetzen. Hinsetzen. Hier. Warum nicht? Hochspringen, Ja sagen, Augen weiten, kurzer Rock, blauer Mantel, der rot ist. Hier, ja. Wollen, sollen Sie hier? Ich bin auch kein Vogel.

Herr Thomas, ich wollte Sie gerne fragen, was Sie über Tobias wussten? Der Junge, der bei Terps untergebracht war und ja eigentlich hier im Haus …

T wie Torte, O wie Orte, R wie Rose, T wie Torte, E wie Einstein. Tobias. Ich weiß nichts. Hm, hm. Ich bin allein. Ja. Sie sind jetzt hier. Ja. Die meiste Zeit. A bis Z und Q bist du. Die Kreuzer oben, die Terps darüber und der Himmel. Wenn man sich aufs Dach steigt, sieht man da den Himmel. Gönnerstraße ist eine Erfindung. Wie die Zeit.

Hab Freund, Blaufuchs, regenblass.

Herr Thomas, können Sie mir etwas zu Tobias erzählen? Wollen Sie mir vielleicht sagen, ob es Sie mitgenommen hat?

Sodass ich wieder hier angekommen bin. Hier in einer Landschaft der Verlorenheiten.

Wie meinen Sie das, Verlorenheiten?

Ich bin hier, Sie sind hier, alles andere und alle anderen sind fort. Ich fange jetzt ein Gnu und mach einen Kaffee dazu.

Sie sind sehr sprachschöpferisch, Herr Thomas, arbeiten Sie auch etwas mit Sprache?

Ich bin Frührentner, frühes Rentier. Rosmarin auf dem Balkon, Liebstöckel, ein Orangenbäumchen. Ich war früher was mit Tieren. Ich sag es nicht, ich aß sie nur.

Meinen Sie, so eine Tragödie ist für ein ganzes Haus von Bedeutung?

Ich bin hier, Sie sind hier, alle anderen sind fort.

Und so verlässt die Autorin Bossong das dritte Stockwerk recht unverrichteter Dinge mit schwebenden Fragepartikeln in der sonnengefluteten Luft von Herrn Thomas' Apartment, in dem man voller Unbehagen auf einer Bettkante Platz nehmen musste, weil alles andere mit Alufolie ausgelegt oder eben jeder Flecken mit Dingen belegt war. Besonders gerne scheint Herr Thomas Schrauben zu haben. Schrauben liegen überall herum. Nicht auszudenken, wem sie, wo sie und welchen Instrumenten sie fehlen.

Den Zeitmessern auf jeden Fall. Autorin Bossong ist wie gerädert. Am dritten Tag ihrer Feldstudie, der Recherche zu einem neuen Text. Sie setzt sich im Treppenhaus auf die Stufen, stoppt die Aufnahme, die sie, um auch noch Atmos zu gewinnen für die Arbeit – manchmal steckt im Schließen einer Türe noch ein Flüstern, das mehr Aufschluss gibt als das Zwei-Stunden-Gespräch beim Kaffee – laufen lässt bis zum Schluss.

Jetzt ist gerade so ein Schluss und sie sitzt im Treppenhaus zwischen dem dritten und vierten Stock, Gönnerstraße 18, und gewährt sich eine Pause. Sie checkt kurz die Aufnahme. Sie sitzt und muss auf einmal losweinen. Statt das Weinen als Entlastung von der Anspannung, die die letzten Tage begleitete, zu begreifen, fragt sie sich sofort ab: Hab ich was an der Schilddrüse, hab ich meine Tage bald, ist sonst noch was los, außer der Arbeit in diesem Quatschladen? Bin ich Schriftstellerin oder Kriegsreporterin? Ist es mir ernst mit dem Erzählen? Wo ist der Junge hin? Tobias Gerling. 13 Jahre alt. Gestorben nach dem Sturz aus dem 5. Stock, vom Balkon der Wohnung der Familie Terp. Mutter Terp und Tochter Evelyn an diesem Tag kurz einkaufen, von der Polizei auf dem Handy zwischen der Reihe mit den Konserven und dem Regal mit den Getreideprodukten Quinoa, Dinkel, Maismehl, alle anderen Arten von Mehl und Ölen, über den Tod des Pflegekindes informiert. Die Nummer hatten die noch von Evelyns Anzeige wegen Erregung öffentlichen Ärgernisses, als sie das kleine Mädchen nicht aus der Umkleidekabine lassen wollte im Karstadt. »Intensitäten« hat sie zur Aussage gebracht und immer nur gesagt, dass das Hausaufgaben wären, wenn man ein guter Schauspieler werden wollte.

Aus dem 5. Stock, Gesicht nach unten, sofort tot, massiver Aufschlag, dieser sanfte Junge. Die Autorin hört durch die Gedanken hindurch, wie sich eine Wohnungstür öffnet. Aber nichts geschieht weiter. Ist sie von außen oder von innen geöffnet worden? Dieses Haus ist mehr als seltsam: Es ist normal. Alle Zustände sind in ihm konserviert. Die wahrscheinlich Klügste will sie nicht einlassen. 4. Stock. Die Professorin. Soll Witwe sein. Nora Bossong hätte sich gerne mit ihr unterhalten. Wer aber nicht will, soll nicht gequält werden. Das ist ein heikles Thema. Die werden alle der Polizei schon Aussagen geliefert haben müssen. Man stochert also nach. Das Schreiben ist dann wie das Ablösen des Teigs vom Stäbchen, mit dem man gebohrt hat. Vieles am Schreiben ist widerlich. Weil es die

Voyeure anzieht und die Herzlosen. Ob Lyrik oder Prosa ist da egal, sagt sich die Autorin Bossong und zieht aus der Tasche, die ist braun und aus Leder und hat so einen Überschlag und sieht aus wie eine alte Schultasche, Block und Stift und wird sofort zum Klischee. Damit kann sie leben, aber vor allem die Umwelt, denn der sind Autoren am liebsten, wenn sie sich wie welche verhalten. Am besten aus dem letzten Jahrhundert. Sie notiert sich:

Und dieser unendlich traurige Co-Pilot, der so ruhig atmete, als er den Sinkflug einleitete und den vollbesetzten Airbus mit allen Seelen inklusive seiner eigenen mit sich nahm, war keinem in der Gemeinde, die die Nächstenliebe propagierte, Mäntel und Decken in die Ukraine mit einem eigens angeschafften Laster karrte, ein Gebet wert. Dieser Mann war der Teufel des Teufels. Er war einer von uns.

Und weiter notiert sie:

Die größte Frau der Welt sitzt hier.

Sie ist eine Kreation aus Gemachtem, Gesagtem, Gewandtem. Sie wird bewertet und bemessen, sie hat viel und sie hat gut gegessen, sie wiegt viel, denn sie hat gut gegessen. Diese Frau ist eine wunderliche Waffe. Sie ist eine Gesetzmäßigkeit und eine Waffe. Es soll von ihr handeln. Frau blau, Frau rot. Diese Frau hat einen Knick in der Optik und eine leere Gebärmutter.

Eine sehr dumme Frau verhält sich so.

Und

Und wenn er sich auszog, dann mit dem Unbehagen einer weißen Maus vor einer großen Schlange.

Er war klein und gründlich. Wenn sie mit ihm schlief, blieb nichts von ihr übrig. Es war. Es war besonders. Er aß alles auf, nahm alles mit, hielt nichts auf Vorrat. Es wurde an nichts gespart. So ver-

gingen die Nächte wie Transaktionen mächtiger Banken, in denen Millionen und auch Milliarden verschoben wurden über die Betten hin über Nacht. Nur schmeckte all das eben auch ein bisschen bitter, artifiziell.

Fragezeichen

Der kleine Mann, obwohl er so klein ist, man ihn schlucken, ganz einnehmen, ja in sich aufnehmen kann, er sogar wohltut, ist vielleicht eine Tablette gegen die Einsamkeit.

Sie notiert dieses, und es ist ja völlig falsch anzunehmen, dass Autoren die harmlosen Dinge, das Schöne, die stille Größe feierten. Sie feiern das, was sie anzieht: das Gegenteil von Ganzheit. Und weil die Gedanken frei sind, brauchen sie lange, um ihre Wanderungen zu beschließen. So denkend sitzt die Autorin auf dem schwarz gesprenkelten Steinboden und muss ein weiteres Mal um ihre Blase fürchten, aber das kennt sie schon, und es ist ihr eine Übung gegen die Ermahnung der Mutter in ihrem Kopf vorzugehen. Du ruinierst dir die Gesundheit, Nora. Du ruinierst mir das Leben, Mutter.

Tobias is really sweet. Sehr zart, etwas schnörkelig trotz des Eddings mit dicker Spitze steht es auf die Wand geschrieben, innen, rechts vom Eingang. Blauer Edding, das ist auch selten und dieses »really«.

Jemand meint es da sehr ernst. Seit der Junge am 23.2. vom Balkon stürzte, hat jemand die Schrift mit dem Wachs einer roten Kerze bedeckt, so ein geschütteter Spritzer einer verzweifelten Hand.

Die Bossong erhebt sich, der Hintern kalt. Das Gerät in der Hand ist nun wieder ihr Aufnahmegerät, den Taschenriemen über die Schulter und weiter geht's.

Zweiter Stock, Familie Leu mit den Zwillingen Philipp und Thomas, dem Ehepaar Herrmann und Saskia Leu. Ich mache für die Aufnahme jetzt mal ein Klingelgeräusch: drrrrrrring. Auweia.

Hallo, guten Tag! Mein Name ist Nora Bossong. Ich hatte den Zettel mit der Ankündigung meiner Recherche im Treppenhaus, im Flur ausgehängt.

Ja, stimmt ja. Hallo! Kommen Sie rein. Wir sind gerade mit dem Mittagessen durch. Jetzt müssen die Jungs Hausaufgaben machen. Übertrittsklasse Gymnasium. Wir nehmen das alle hier sehr ernst. Ach, schrecklich, was da los war. Mit dem Jungen. Der war sehr freundlich. Na ja, viel war da nicht. Eines Tages kamen die Jungs von draußen rein, sagten, da wäre ein neuer Junge im Haus. Ich sah ihn manchmal vom Fenster aus im Hof stehen und da sitzen und lesen. Er war sehr bei sich, schien mir.

Und die Jungs, Ihre Jungs, spielten die mit ihm?

Ach, ich glaube selten. Das ist hier so. Da gibt es ziemlich feste Grüppchen von Kindern. Sie können sich vielleicht vorstellen, wie das ist. Der Neue ist aufgefallen, weil er so sanftmütig war. Mir kam er vor wie Ferdinand, der Stier, aus diesem Zeichentrick. An Blumen schnuppern, während die anderen auf der Weide tollen. Philipp und Thomas sind eher so wilde Jungs. Der Tobias. Das war ein Schock. Haben sicher alle gesagt. Aber vielleicht war's auch besser.

Wie bitte?

Ach, das ist nicht einfach mit den Jungs, die so anders sind. Sie bleiben das ja ein Leben lang.

Wollen Sie mir das noch ein bisschen ausführen? Ich glaube, ich verstehe Sie da nicht richtig.

Na ja, schwul. Ich glaube, der Tobias, der mochte Jungs. Und da halten dann schon mal welche ihren Abstand oder werden ruppig.

Die Spekulationen der Frau Leu sind unerhört und doch wahr. Der Autorin wird hier an dieser Stelle ihrer Befragungen zum ersten Mal klar, dass der vermeintlich kleine Junge nicht aus Versehen am Boden zerschellt ist, sondern dass die Gönnerstraße den Selbstmord eines Kindes erlebt hat. Es wird ihr bewusst, dass diese seltsame, harte Wahrheit der Grund für die Verstörung ihrer Gedanken ist, sie das Gefüge unter dieser Adresse nicht mehr massiv beeinflussen wird.

Haben Sie das, was Sie da erzählen, so auch der Polizei gesagt?

Nein, sagt die Löwin. Ich habe erst letzthin damit begonnen, das zu denken. Das Verfahren ist bereits abgeschlossen, warum schlafende Hunde …

Wieder ist es eine W-Frage, die einer Autorin den Mund offen stehen lässt. Ihr Gott der verlorenen Dinge steht ihr wohl nicht bei der Wortfindung bei. Irgendwie ist es ihr ekelhaft, dieser Frau mit ihren lebendigen Jungs weiter zuzuhören. Auch weil sie ein Flüstern aus den Wänden vermutet, das ihr berichten will von Prügeleien, Angriffen, Schändungen, die Tobias ertragen musste, bevor er sich entschied, sich zu erheben, zu versenken. Für so etwas haben die Autorinnen schon immer einen Sensor. Für ein bisschen Grauen.

Wir sind doch nicht dämlich. Kommt diese Frau. Wir ganz Xbox, lass das, wehe, Mann, ey, spieln wir ne Runde. Diese Frau bleibt bei Mama, und sie reden über den Schwulen. Ich werd nicht mehr, ich werd nicht mehr. Wie wir den gejagt haben. Der konnte erstaunlich schnell laufen. Kaninchenjunge mit seinen Aidsgriffeln. Manchmal glaub ich, der mochte das. Wenn wir ihn gefesselt haben? Wenn der Markus mit dem Ding, das er sich so gebastelt hat, so getan hat, als würde er ihm durch die Hose in seinen Arsch. Hehehe, das war so voll krass. Die Frau soll ihr Handyding ausmachen und abhauen, Handyding ausmachen und abhauen.

Diese zwei Brüder, Philipp und Thomas, sind besondere Bestien. Später tragen beide Anzüge, greifen nach allem, was sie kriegen können, lassen sich vieles durch die immervollen Hände rinnen, indem sie nicht begreifen, dass sie in der Gönnerstraße bereits alles verspielt haben. Die Geduld der Welt mit ihnen ist hin.

Shit. Ich stehe draußen, hab die Türe zur Wohnung der Leus geschlossen. Bin wie benommen. Stumpf. Ausgeräumt. Die beiden Söhne sind laute Wilde, von der Mutter, etwa Mitte 40, braune Haare, etwas schmuddelig, sehr geradeaus, verbindlich, aber irgendwie nicht sympathisch, erfahren, dass Tobias Gerling wohl schwul gewesen ist und sich selbst gerichtet hat. 13 Jahre alt, stellt sich auf den Balkon, springt. Eddingschrift an der Wand. Geschrieben, nicht geschwunden. Der Gott der verlorenen Dinge ist hier anzurufen für den Jungen. Vielleicht noch mal hoch zur Terp. Gott, frische Luft mal gerade.

Wieder stoppt Nora Bossong die Aufnahme, und zum ersten Mal seit Tagen will es ihr scheinen, als ob sie nach draußen dürfte. Draußen ist alles noch da: das verschwundene Kind, das eingerollte Absperrband, die gaffenden Leute, die nach Hause gegangen sind. Frau Bossong wird vom Wassermann, vom Erlkönig beobachtet, der auf der linken Schaukel die Beine lang macht, um höher zu kommen. Dass er nicht in die Häuser hineinkann, grämt ihn gar nicht. Weil sie alle so aussehen, wenn sie heraustreten: so voller Verlieren. Als Sammler kann man sich das nicht leisten. Ob sie schon weiß, dass der Kleine ein Glühender war, den man erst mal löschen musste.

Ein heißer kleiner Mensch, jung und zart, voller Liebe für diesen anderen Jungen. Wer vor den Gebäuden steht, der begreift sie letztendlich. Sie und alle in ihnen. Und wenn einer springt, steht er da und hat sein Maul an den Kieferscharnieren ausgehängt.

Der Gott der verlorenen Dinge. Ich glaube immer noch, dass der Titel gut ist. Muss er durch, der neue Lektor. Wer bist du denn?

Und nun geschieht, was auf der Aufnahme keinen Raum finden wird, aber letztlich alles verändert. Nora Bossong wird angerührt von einem kleinen Mädchen. Insgesamt ist es eine ganz seltsame Begegnung, denn eigentlich sind es der Vater und die kleine Schwester des Jungen, auf die die Autorin Bossong ganz unverminderter Geschwindigkeit im Ablauf der Dinge in der Welt trifft. Der Vater hat das Mädchen auf dem Arm, er fasst es sicher, er hält es warm. Die Bossong kennt ein Foto des Mannes. Die Terp hatte es ihr vor drei Tagen hingestreckt.

Der Vater, ja. Der Vater lebt mit der kleinen Schwester im ersten Stock des Hauses. »Das ist ja auch seltsam, nicht?«, hatte die Terp geschnattert. Für die Bossong hatte sich ein Rätsel entsponnen. Die Terp zur Pflegemutter zu machen mit ihrer bescheuerten Tochter, das kam ihr arg vor.

Die Autorin wird das Gespräch mit den beiden wie folgt aufzeichnen:

tobias
ist tobias
war tobias
tobias gefallen aus luft
auf erde

ja klar
war tobias
noch alle wieso
ganz wieso
warum
wer fällt 5. stock
oh je ungück
kleine schwester spricht kein l
ungück, so ungück
heißt das bei der
der junge ist so wie
ein vvvvv
ein vvvvv
so ein tier
verstehe, sagt der mann von der polizei
der kein polizist ist, sondern ein
psych, psych
du weißt sch, sch, schon
vogel meintest du
ja, kleine schwester keine expertin
kleine schwester eben kleine schwester
warum also ist tobias
sie wissen schon
was weiß ich
na immerhin ihr junge
ihr bub von 13 jahren
die schule sagt, er sei gut, großartig, sanft
und und und diese unaussprechlichkeiten
sie wissen schon
der junge ist 13 gewesen und
sie wissen schon
schwu, schwu
die kleine schwester ist eine quelle
der weisheit, der kugheit
nein, der junge war sicher nicht

schwul so jung, so früh
in der schule
der schule sagen sie
was sagen sie da
dass er einen anderen jungen
was
einen anderen jungen geiebt hat
sagt sie wieder
so hinein normal ganz normal
für so einen jungen menschen
kleine schwester
wer 13 ist, der liebt doch noch nicht
da ist doch das hirn, das herz
noch nicht in gänze
was
na
sie wissen schon
warum wird eigentlich immer nur darum
herum
weil eben
na
na
egal
wichtig ist tobias
so ein unglück
ungück, ja
wenn ein 13-jähriger junge
zum vogel wird
haben alle anderen versagt
weil man bis dahin
nicht aufgezeigt hat
welche
aternativen
ja, sehr richtig
wer ständig sagt, das leben

ist ein trauerspiel, dunkelkammer
der darf sich nicht wundern
wundern
da steckt wunde drin
tobias gefallen aus uft
das war wunder
war traurigster tag
aller traurigen tage
ohne aternativen
wir alle
gerade eben so
haben ihn
überebt

Die Autorin sieht, wie die beiden, Vater und Tochter, in das Haus in der Gönnerstraße hineingehen. Es scheint ihr, die Professorin schließt das Fenster in ihrem 4. Stock, die Augen der Leus funkeln durch die Scheiben, die Schauspielschülerin im 5. Stock zeigt ihren Hals, so gereckt steht sie am Balkon und sieht in den Himmel. Intensitäten nach Herrn Mack, dem Lehrer für Schauspiel und Alles-zwischen-den-Beinen sind ihr Auftrag. Der wirre Herr Thomas rumort im Inneren des Baus. Die Autorin, sie hat nichts bewegt, nur ein wenig teilgenommen am Verraten durch Zuhören. Sie hat dem Gott der verlorenen Dinge kein Profil gegeben, es harrt flüchtige Verzerrtheit wie ein altes Bild Gerhard Richters. Es sind Aufzeichnungen über den Tod eines Jungen entstanden, der mit 13 schon wusste, dass nur die Straße, in der er in so unaufgeräumten Verhältnissen wohnte, nach Großzügigkeit klang, und der mit einem magnetischen Herzen dem Erdmittelpunkt entgegenfiel, glühend. Die sonst hellsichtige Autorin bemerkt nicht, wie der Mann, der keiner ist und gleichzeitig viele, abrupt sein Schaukeln stoppt und langsam auf sie zugeht, die nichts vernimmt als eine vom Wind noch angestoßene Schaukel und die dieses Bild die absolute Verlorenheit begreifen lässt. Es wird ein kurzes Begreifen sein, das ihr der Sammler noch schenkt.

Denn so enden alle Wesen, alle Dinge, auch die Betrachtung der Betrachtungen in den feuchten Augen eines Wesens, fremder als der Nachbar, kaum bei Tageslicht gesehen, doch keineswegs scheu. Und die einen nennen es Gott und die anderen wissen es besser.

Erstveröffentlichungsverzeichnis

Alle bereits veröffentlichten Texte wurden für die vorliegende Buchausgabe überarbeitet.

Wie klingt eigentlich Deutsch?
Erschienen in HUNDERT – Jubiläumsmagazin der Deutschen Nationalbibliothek, Ausgabe 2/2012

Muss ich ein Gedicht auswendig können?
Im Auftrag von Myself im Juni 2014 verfasst

Beständiges Soundchecken
Erschienen in Krottenthaler/Oliver (Hg.), literaturmachen II, Voland & Quist, Dresden und Leipzig 2015

Großes Thema Freiheit
Unter dem Titel »Die grosse Freiheit« erschienen in Literarischer Monat, Ausgabe 8/2012

Fernsehen in Zeiten der Choleriker
Sendung auf Bayern 2 am 24.09.2013

Island unter allem
unveröffentlicht

Snorkfräulein
Unter dem Titel »Dieses Mädchen ist ein Traum vom Typ Zitronenbuttermilch« erschienen in Frankfurter Allgemeine Zeitung vom 12.09.2014

Kleine Lektionen anhand langer Wörter
Lektion 1 erschienen in Süddeutsche Zeitung vom 15.09.2014
Lektion 2 erschienen in Süddeutsche Zeitung vom 18.09.2014
Lektion 3 erschienen in Süddeutsche Zeitung vom 06.10.2014
Lektion 4 erschienen in Süddeutsche Zeitung vom 08.10.2014

Eine Verneigung: die neuen Serien
Sendung auf Bayern 2 am 26.11.2013

Leben lesen aus den 60ern
Unter dem Titel »Literarisches Periskop« erschienen in Literarischer Monat, Ausgabe 5/2012

The Great Gazosa
Erschienen in Literarischer Monat, Ausgabe 12/2013

Jasoom
Erschienen in Literarischer Monat, Ausgabe 6/2012

Schullesungen
Unter dem Titel »Schullesungen oder wo die Magie endet« erschienen in Text+Kritik, Sonderband Zukunft der Literatur, V/2013

Oh Jugend, du!
Dankesrede anlässlich der Verleihung des Weilheimer Literaturpreises 2015 in der Stadthalle Weilheim am 19.03.2015

Rede zum Neujahrsempfang 2014 der Brose Baskets Bamberg
Neujahrsrede für den Fan Club der Brose Baskets in der Brose-Baskets-Arena Bamberg am 08.01.2014

Rede zum Neujahrsempfang 2015 der Stadt Bamberg
Neujahrsrede in der Konzert- und Kongresshalle Bamberg am 17.01.2015

»sohärzig«
Rede in der BlueBox im Schauspielhaus Nürnberg am 04.03.2015

Zwischen den Zeilen: Zungen
Vortrag vor dem Verband der Literaturübersetzer in der Kommisse in Wolfenbüttel am 26.6.2014

Rede zu 10 Jahren Voland & Quist
Grußrede zur Jubiläumsfeier in der scheune Dresden am 24.10.2014

Es war zweimal
Rede in der Stadthalle Kassel am 18.02.2013

Recherche
gelesen im ORF Theater Klagenfurt am 02.07.2015

Nora Gomringer bei Voland & Quist

Ich werde etwas mit der Sprache machen
ISBN 978-3-86391-003-7
EUR 14,90 (D)

Monster Poems
mit Illustrationen von Reimar Limmer
Buch + Audio-CD
ISBN 978-3-86391-028-0
EUR 17,90 (D)

Wie sag ich Wunder
mit dem Wortart Ensemble
Audio-CD
ISBN 978-3-86391-067-9
EUR 14,90 (D)

Morbus
mit Illustrationen von Reimar Limmer
Buch + Audio-CD
ISBN 978-3-86391-097-6
EUR 17,90 (D)

Mein Gedicht fragt nicht lange reloaded
Buch + Audio-CD
ISBN 978-3-86391-108-9
EUR 24,90 (D)

Recherche
enhanced EPUB mit Lesung von Nora Gomringer
ISBN 978-3-86391-126-3
EUR 1,99 (D)

Lese- und Hörproben auf www.voland-quist.de